天工开物

里的万物科学

1 五谷杂粮

新新世纪◎编著

航空工业出版社
北京

前言

《天工开物》是世界上第一部关于农业、手工业技术的专门著作，由中国明代科学家宋应星编著，1637年初刊，300多年来一直影响着中国农业和手工业技术的传承和发展。

《天工开物》用文言写成，由于明清绘画和雕版印刷技术的限制，插图偏抽象，因此，这部著作与今天的小读者之间存在着很大的隔膜。为了让小读者能读、爱读这部经典而有趣的著作，我们对原著进行了精心梳理，将其记录的各种生产技术融入到一个个反映古人生产生活的故事场景中，并根据原著插图和其他文献，以图画的形式精确再现了原著中生产工具的形象和生产过程。另外，本书还设置了“科普小贴士”板块，帮助小读者了解相关的知识，增加知识储备。

本书趣味性强、情节生动、绘图精妙，贴合小读者的阅读需求。通过阅读本书，小读者可以了解古人如何进行农业和手工业劳动、当

时使用什么样的工具，并能从今天的农业和手工业生产中发现对传统技术的传承。

相信通过阅读本书，小读者会对承载着中国几千年文明的农耕文化产生兴趣，并启迪对工业化和先进生产力的认识。更重要的是，可以由此拓展小读者对传统文化的认知，提升小读者对自强不息的民族精神的理解。

让我们一起翻开这套图画书，探究古人生产的奥秘，触摸农耕文化的脉络。

目录

勤劳智慧换来五谷丰登

一分耕耘一分收获

勤劳智慧换来五谷丰登

五谷杂粮，不仅是人们赖以生存的重要食物，也寄托着对农耕文化和生活方式的传承。我们的祖先从新石器时代就开始种稻种麦，他们发明了多种农业生产工具，还学会了加工面粉、种植杂粮。让我们翻开本书，一起去看看古人是如何生产和加工粮食的！

五谷与水稻的起源

五谷丰登，千百年来寄托着人们对丰收的渴望和美好生活的向往；同时也表明谷物作为中华民族的传统主食，在人们的生活中占据着举足轻重的地位。

在古代，人们的食物以谷物为主，因为种类繁多，也称百谷。五谷原是古代所称的五种谷物，后泛指粮食类作物。五谷，古代有多种不同说法，据《周礼》记载，五谷通常指麻、豆、麦、稷（jì）、黍（shǔ）。随着农业的不断发展，麻、豆逐渐归入油料作物、蔬菜中，而作为主要食物来源的水稻并不在最初的五谷之中。

水稻的分布范围很广：从炎热的南方到寒冷的北方、从泥泞（nìng）的水田到干燥的旱地，只要有充足的水源，都可以种植。

其中，南方平原地区的水稻大多是一年两熟，高温多雨的广东、海南等地甚至可以一年三熟，而寒冷干燥的北方只能一年一熟。

五谷中为什么没有水稻呢?

中国虽然是世界上最早种植水稻的国家，但水稻最初主要分布在温暖湿润的长江流域，而当时中国的政治、经济和文化中心却集中在黄河中下游地区，所以在定义“五谷”这个概念的时候，当然就没有水稻啦！

香稻是鹦鹉吃剩的，绿色的梧桐是凤凰曾经栖息过的。

后来，为了满足王侯贵族们的需要，在西汉时期人们培育出了一种香稻。它清香扑鼻、营养丰富，一出现就备受推崇。但它的产量很低，价格昂贵，被称为“贡米”。从此，各种各样的水稻如雨后春笋般涌现出来。

西江月 · 夜行黄沙道中

[南宋] 辛弃疾

明月别枝惊鹊，清风半夜鸣蝉。
稻花香里说丰年，听取蛙声一片。
七八个星天外，两三点雨山前。
旧时茅店社林边，路转溪桥忽见。

科普小贴士

小朋友，你知道世界上最高的水稻在哪里吗？

云南省德宏州芒市遮放镇出产的毫秕（bǐ），平均高2.4米，最高达2.8米，创下了世界最高水稻的记录！堪称水稻中的巨人，比姚明还高！

中国水稻地图

1. 7000多年前，河姆渡人在泥泞潮湿的沼泽中发现了一种神奇的野草——水稻，由此出现了农耕时代的第一缕曙（shǔ）光。

2. 5300年前，良渚（zhǔ）人在杭州城外建造了中国最早的堤坝系统，将河水引入水渠，用于灌溉稻田。

3. 4500年前古蜀先民播下第一粒水稻种子，开启了成都平原水稻种植的历史。后来这里成了妇孺（rú）皆知的“天府粮仓”。

4. 北宋时越南占城稻的引进和推广，将原来江南地区的水稻从“一年一熟”提升到“一年两熟”。从此，“苏湖（苏州、湖州，泛指太湖流域）熟，天下足”的谚语开始流传四方。

5. 富饶的宁夏平原在黄河的滋润呵护下，变成了，塞上江南、西北粮仓、鱼米之乡。

6. 山东章丘的明水香稻，已有2000多年的栽培历史，因品质优良被选为贡粮，有“一家蒸煮香全庄”的美誉。

7. 唐初渤海国时期，五常（今黑龙江省五常市）农民已经开始在白山黑水间种植水稻。清朝道光年间，五常稻米被封为贡米，专供皇室享用。

8. 长在石板上的大米——响水贡米。1300多年前，响水（今江苏省盐城市响水县）贡米已闻名于世，成为中国最早载入史册的贡米，素有“中华第一稻”之称。

种水稻啦！

水稻是中国最重要的粮食作物之一，尤其是南方地区，因水稻的种植，逐渐诞生了独特的稻作文明。那么，古人是如何种植水稻的呢？让我们一起去了解一下吧！

中国自古以来就是一个农业大国，作为当时主要的粮食作物——水稻的种植，自然引起了人们的高度重视。

在《天工开物》中，详细讲解了水稻的种植方法。

耕田。秋天水稻收割后，稻茬（chá）会留在田里。播种前，古人先用犁翻耕土地，把稻茬埋在泥土里让它慢慢腐烂，以增加土壤的肥力。

你知道吗，为了改良土壤，古人绞尽脑汁，想出了许多办法，比如用人畜粪便、枯饼等做肥料。如果稻田恰好在湖泊旁边，那湖泥也是一种极好的肥料哦！经济环保又实惠，是农民省钱的好帮手！

耙（bà）田。翻耕之后，勤劳的农民还要把田耙一遍，把大的土块打碎，使土地更加平整、疏松，这样养分就可以均匀分散在泥土里啦。

耔（zǐ）田。插秧之后，禾苗越长越高，就到了给水稻培土的时候了。通常要用手拄着一根木棍，用脚把泥土推到秧苗根部，并把杂草踩进泥里，俗称挞（tà）禾。可是，有些杂草非常顽固，必须弯下腰来用手拔掉。

杂草是水稻的头号敌人，而稗（bài）草就是稻田中最狡猾的杂草。它繁殖能力很强，不断和水稻争夺养分，而且和秧苗长得很像。需要蹲下来，一棵棵拔掉，真是一件苦差事！

随着水稻逐渐成熟，农民的烦恼却越来越多了。既要防虫又要防旱，最让人头疼的还是如何防止鸟雀偷吃庄稼。聪明的农民就用稻草扎成小人儿模样，帮自己看护庄稼，这就是“稻草人”。

稻田里的好帮手

曲辕（yuán）犁是中国古代农民勤劳和智慧的结晶，一直沿用到现在也没有什么变化哦！

耙在中国已经有1500多年的历史啦！作为传统的翻地工具，曾经是农家必备的农具之一。

耖（chào）通常为木制，下面是一排尖齿，一般用牛牵引，可以打碎土块，平整土地，疏通田泥。

牛是古代最重要的畜力，南方水田常用水牛种田，而北方旱地多用黄牛耕地。

耘（yún）原指在田间培土除草。后来为了降低劳动强度，人们发明了耘爪，从此锄草就变得轻松多啦！

水稻要喝水

和其他谷物相比，水稻生长需要更多的水。它这么爱喝水，天上不下雨怎么办呢？不用担心，让我们一起去看看古人有什么好办法吧！

水是生命之源，而水稻更需要水的滋养。有的稻田三天没有水就会干裂，如果一直没有降雨，就只能依靠人力来引水灌溉了。

古时候，人们依水而居。遇到干旱天气，就只能抱瓮取水或用戽（hù）斗提水，既辛苦又劳累，忙碌一天也浇不了几亩田。

后来，住在河边的农民开始用筒车灌溉稻田。他们在河里筑起堤坝抬高水位，让水流推动水轮转动，将水引入筒中，然后缓缓倒进岸边的引水槽里，水就慢慢流进田里了。一台筒车昼夜不停，一天可以灌溉一百亩左右田地。

而在没有流水的湖泊或池塘边，古人就用水车来取水灌田。

水车的种类很多，大型水车酷似古代的车轮，通常用牛来拉动，一天可以灌溉十亩稻田，既省时又省力，是古代十分先进的灌溉工具。而风力水车则主要用来排除稻田里的积水。小一点儿的水车也叫龙骨水车，通常由两个人一起踩踏引水，一天可以灌溉五亩稻田。如果在水池或水沟旁边，还可以使用手摇水车——拔车，但一天只能用来灌溉两亩稻田。

龙骨水车又叫翻车，是世界上诞生最早、应用最广的农用水车。拔车是一种小型翻车，传说是三国时期的马钧（jūn）发明的。拔车的发明是中国农业灌溉技术的一次巨大进步。

稻田要是在远离水源的地方，又该怎么办呢？别担心，古人早就找到了解决办法。传说在商朝大旱年间，伊尹发明了一种原始的汲水工具桔槔（jié gāo），还亲自教导百姓凿井灌田。桔槔看起来就像一个跷跷板，一起一落，汲水比较省力，大大降低了农民的劳动强度。

科普小贴士

小朋友，你知道在干旱的内陆地区古人是如何灌溉稻田的吗？

随着人们逐渐向内陆迁徙，距离江河湖泊越来越远，水井也越挖越深，人们又发明了辘轳（lù lu）来灌溉农田。从此以后，内陆的荒地也慢慢变成了肥沃的良田。

形形色色的灌溉工具

筒车是一种以水流作为动力，将水提到岸上的机械。

牛拉水车是以畜力作为动力，通过齿轮传动，将水运送到高处的水车。汲水部分与翻车类似。

桔槔
桔槔又称“吊杆”，竖立的架子上有一根细长的杠杆，杠杆一端悬挂重物，另一端悬挂水桶。可以通过一起一落来汲水。
辘轳
辘轳是利用轮轴从井中汲水的起重工具。
龙骨水车
龙骨水车是一种人力脚踏水车，用脚踏踏板来驱动链轮，叶板连续将水提升到岸上。
风力水车
风力水车是以风力作为动力的提水工具。

麦子来啦！

自古以来，麦子就是人们食谱中不可或缺的一员。它不怕干旱，不畏严寒，深受农民欢迎。让我们一起去认识一下它吧！

作为五谷之一，麦子在几千年前就是中国重要的粮食作物。它的种类很多，包括小麦、大麦、燕麦和荞麦等。因为这些作物播种期相近，花形相似，而且都能够磨成面粉食用，所以统称麦。

在中国的华北、西北地区，小麦是当地农民的主要口粮。而在西南、东南、华中地区，小麦的种植范围就大幅缩小了，只有零星的分布。

小麦

大麦

燕麦

荞麦

小麦可以磨成面粉，加工成馒头、花卷、糕饼等食品。小麦中含有蛋白质、淀粉、脂肪、维生素等物质。生活中常说的“面粉”是指小麦粉，就是用小麦磨出的粉。

大麦大多产自青藏高原和陕西一带，又叫稞（kē）麦。人们发现，大麦会因土质不同而出现变种，表皮颜色也随之发生改变。陕西人主要用它来喂马，只有在遭遇饥荒时才会拿来充饥。

在古代，欧洲人的主食是大麦，人们常吃的黑面包主要是由大麦、燕麦等制成的。直到16世纪，小麦才逐渐成为欧洲人餐桌上的主食。而大麦则成了酿造啤酒的主要原料。

北方地区种植的小麦通常都要经历春、夏、秋、冬四个季节，从秋天播种直到第二年夏天才收割。而南方的小麦从播种到收割时间比较短。据说，江南的小麦在晚上开花，而江北的小麦则在白天开花，真是神奇啊！大麦播种、收割时间与小麦基本相同。

科普小贴士

小朋友，你知道世界上最小的谷物是什么吗？

苔麸（fū），又称埃塞俄比亚画眉草。它生长在埃塞俄比亚和厄立特里亚海拔3000多米的高原地区，其籽粒比芝麻还小。

小籽粒大历史——小麦流浪记

1. 在1万多年前的新石器时代，生活在两河流域的人们开始驯化野生小麦，人类进入了农耕时代。

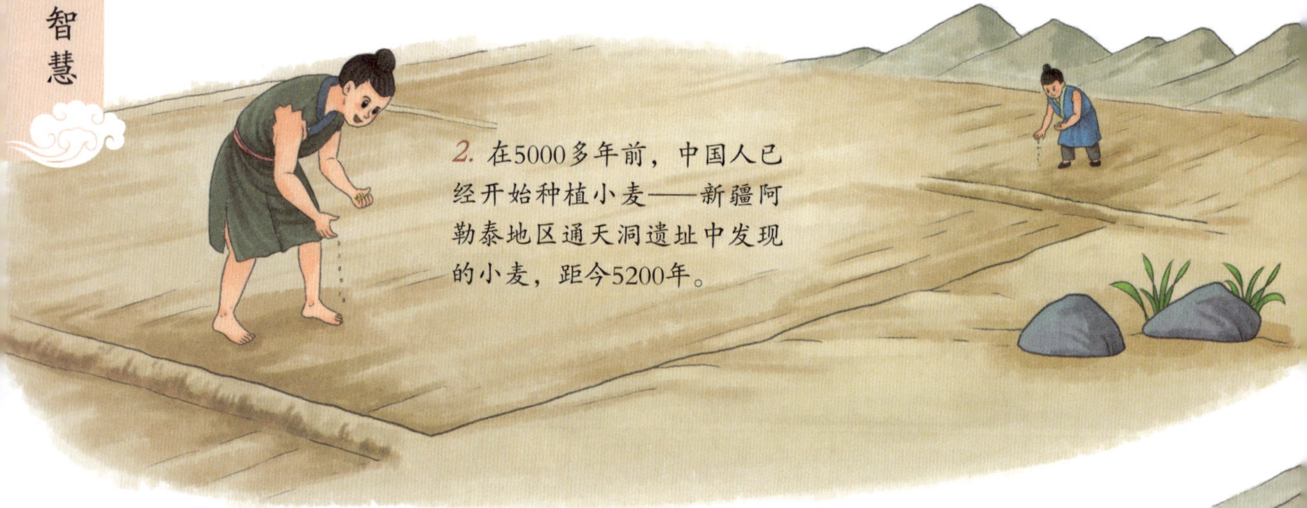

2. 在5000多年前，中国人已经开始种植小麦——新疆阿勒泰地区通天洞遗址中发现的小麦，距今5200年。

3. 在商周时期，小麦的种植范围已经扩展到华北地区。

4. 随着小麦的种植规模不断扩大，到了汉代逐渐形成了以粟（sù）麦为主的粮食生产结构。

5. 后来，小麦由黄河流域逐渐扩展到长江以南各地，并传入朝鲜、日本等国。

6. 15世纪～17世纪，欧洲人才将小麦传播到美洲。

一起种麦子吧！

麦田的翻耕工作与稻田基本相同。但在播种以后，稻田需要反复除草挞（tà）禾，而麦田只要锄草就行啦。

北方大多是容易耕作的疏松黑土，适合种植小麦。和水稻不同的是，小麦是耕、种同时进行的。这时候，就需要农民的好朋友——耧（lóu）车来帮忙了。当牛拉着耧车播种时，车斗摇动，种子就从车斗底部的小孔里慢慢地漏出来，准确地落进刚刚犁出的田沟里。如果想种得密一些，那让牛走得快一点儿就行了（车走得快，运动幅度大，种子漏得就多）。古人真是聪明啊！

播种之后，由于北方气候干旱，为了保证每一粒种子都能够顺利发芽，勤劳的农民还要用牛拉着石磙（gǔn）在麦田里滚一遍，这样才能让种子更好地吸收土壤中的水分和营养，从而长得更加强壮。

通过石磙的碾压可以压实土壤、碾碎硬土块，还可以预防土壤水分蒸发，保温防冻，提高小麦出芽率。这一工序被农民称为镇压。

而在长江以南地区，土壤更加松软，降水又充足，种植小麦就简单多了。只需要人工播撒种子，再用脚把泥土压实就可以了。

麦子发芽后越长越高，而田里的杂草也越来越多。这时候农民更加忙碌了，他们几乎每天都要去田里锄草、施肥、捉虫，顺便还要锄掉瘦弱的幼苗，没有一刻闲暇。

科普小贴士

小朋友，你知道古人用什么来锄草吗？

耨（nòu），类似现在的锄头。通常呈V形，两刃部有锯齿，便于切割草的根茎。两翼有凹槽，有梯形孔，用于固定，装上木柄后便于在植株间来回运动，又不伤及农作物，十分实用。

怎么对付害虫

1. 向神灵祈祷，是
时的迷信活动。

2. 通过烟熏和扑打消灭害虫。

3. 用药物拌种防治害虫。

深耕可以有效灭杀害虫和杂草哦！
4. 深耕土地可以冻死虫卵。
鸭子也是害虫的天敌哦！
5. 利用动物来除虫。
6. 利用草木灰和生石灰，这是一种古老的防虫方法。
草木灰和生石灰也可以除菌杀虫哦！

杂粮都是宝

古时候，人们种植的谷物种类有很多。现在，除了水稻、小麦，其他谷物都统称为杂粮。让我们一起去认识一下它们吧！

黍稷与粱粟

稷起源于中国北方，在殷商时期就成了人们的主粮。黍和稷是同一类谷物，粱与粟也是同类。有些品种的黍有黏（nián）性，有些则没有，其中黏黍常用来酿酒，但稷都是不黏的。粱与粟统称黄米，一些人不知道有这些名称，把它们都称为谷子。

以上几种谷物，稷的生长期最短、成熟也最早，常用来祭祀（sì），因此被古代的帝王奉为谷神。后来，它又与土神一起合称“社稷”，成为国家的代称。

南陵别儿童入京（节选）

［唐］李白

白酒新熟山中归，

黄鸡啄黍秋正肥。

呼童烹鸡酌白酒，

儿女嬉笑牵人衣。

把酒话桑麻

麻类中既能当粮食又能榨油的，只有大麻和芝麻。古时候，芝麻又称胡麻，据传说是西汉时期张骞（qiān）从大宛引入中国的。

芝麻的生长期较长，最早在三月播种，但要一直到中秋节才能开花结籽。

大麻是一种古老的桑科植物，又称火麻。它的纤维质地十分坚韧（rèn），是古代主要的纺织原料，主要用于制作绳索、麻布等。

种豆南山下

大豆的种类很多，主要有黑色和黄色两种。人们常吃的豆豉（chǐ）、豆酱、豆腐等都是用大豆制作的。

绿豆又小又圆，可以制作粉皮、粉条，深受人们喜爱。豌（wān）豆有黑色的斑点，形状像绿豆，但更大一些。其他谷物还有蚕豆、小豆、扁豆等。

科普小贴士

豆是先秦时期的食器和礼器，源于新石器时代，起初用于盛放黍、稷等谷物，供祭祀之用，后来主要盛放腌菜、肉酱等调味品。秦汉以后，豆逐渐成为豆类的专属名称。

大豆爱旅行

1. 中国是大豆的故乡，早在新石器时代就开始栽培大豆，距今有5000多年。

2. 据考证，河南安阳殷（yīn）墟出土的商代甲骨文中有关于大豆的记载。

3. 《诗经》中记载：“中原有菽（shū），庶民采之。”菽，指的就是豆类。

4. 随着种植范围的扩大，秦汉以后，“豆”字逐渐取代了“菽”字。大豆地位提高的原因之一是石磨的发明。

5. 传说，豆腐是西汉淮（huái）南王刘安发明的，它一问世就成了深受百姓欢迎的绿色健康食品。

6. 南北朝时期，气候变得寒冷干燥，大豆成为主要的粮食作物。

7. 到了宋朝，以大豆为主要原料酿制的酱油出现了。

8. 1873年，大豆在奥地利的维也纳万国博览会上引起轰动，被称作“奇迹豆”。

一分耕耘一分收获

到了收获的季节，五谷丰登，稻谷满仓。但是，生产并没有结束，想把飘香的五谷变成舌尖上的美味，还需要很多辛勤的劳动。大家一起动手，新的工作开始啦！

收水稻啦！

随着水稻逐渐成熟，就到了人们期盼已久的收获季节了。让我们一起去看看水稻是怎样收割、脱粒的吧！

秋天来了，农民也迎来了充满喜悦的农忙时节。他们纷纷来到稻田里，有的拿着禾刀收割水稻，有的则把倒在地上的水稻扎成一个个把子，有的则扛着扁担把扎好的把子挑回家里。

水稻收割之后，农民还需要抓紧时间进行脱粒，也就是想办法让稻粒从稻秆上脱落下来。

可是，如果遇到阴雨天气，稻田里十分潮湿，刚刚收割的稻子也很潮湿，该怎么办呢？不用担心，遇到这种情况人们会直接在稻田里帮水稻脱粒。你看，这时候木桶就派上大用场了。

最原始的脱粒方法是用手一粒粒摘下稻穗（suì）上的稻粒，后来人们发现用手使劲揉搓稻穗也可以脱粒。可是，这种办法还是太辛苦啦，于是人们又发明了在石板或木板上摔打脱粒的办法。

如果遇到晴朗的好天气，人们会先把收割的稻谷都拉到打谷场上，然后把它们堆成一个个小山一样的垛（duò）子，稻穗全部向外，等待一起脱粒。

终于到了脱粒的时候，先要把稻谷把子拆散晾晒。晒干了就可以行动啦。这时，既可以在石板上摔打脱粒，也可以让牛拉着碌碡（liù zhou）在打谷场上给稻谷脱粒。

南方种植水稻较多的人家，仅仅依靠人力是不够的，所以大部分稻谷都是用牛拉着碌碡完成脱粒的。

科普小贴士

小朋友，你知道为什么用碌碡脱粒的稻谷不能做种子吗？

用碌碡脱粒虽然比人工脱粒能节省不少力气，但因为反复碾压，导致稻谷胚芽受损，发芽率很低，因此这样的谷粒已经不适合做种子了。

一个好汉三个帮——稻田里的分工合作

用竹木制成床形，床面框架上稀疏而平行地架着若干根竹竿。操作者双手握举小捆稻株在床面上摔打，稻粒就会从竹竿之间落下去。

稻谷变形记

脱粒之后，稻粒还藏在金黄的稻壳里不愿出来，那么有什么办法把这些恼人的稻壳去掉呢？让我们一起去看看古人都找到了哪些好办法吧！

丰收时节，九成谷粒都很饱满，只有一成是空壳或谷粒干瘪，俗称秕（bǐ）谷。当遇到干旱或锄草施肥不及时等，秕谷就更多了。为了除去这些无用的秕谷，起初人们都借助风力把它们吹走。

除去秕谷后的谷粒还不能直接食用，因为它的外面还包着一层厚厚的硬壳——稻壳。这时，就需要砻（lóng）来帮忙了。

砻分为两种，一种是用木头做的，叫木砻；另一种则是用竹篾填上黄土做成的，叫土砻。两者的工作原理基本相同，但木砻必须身强体壮的人才能使用，而土砻即便是妇女儿童也能轻松操作。

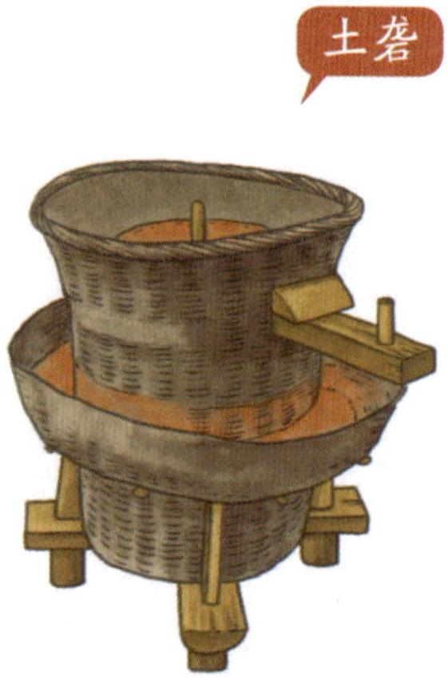

木砻比土砻更加经久耐用，而且就算稻谷有些潮湿也不会被磨碎，因此古时候上缴的军粮和官粮，都用木砻来加工。而穷苦百姓吃的米，都是用土砻来加工的。

去掉稻壳，再用风车吹去谷糠（kāng）和秕谷，然后倒进筛（shāi）子里筛过之后，稻谷就变成了糙米。

下面，就是最后一步了：舂（chōng）米（去掉糠皮）。如果稻米很少，用一根木杵（chǔ）直接在石臼（jiù）里舂就可以了；如果稻米很多，就要用石碓（duì）来舂米，它巧妙地利用了杠杆原理，大大减轻了劳动强度。

而在一些山区靠近河流的地方，古人还发明了水碓来舂米，既省时又省力，并排设置十个臼也没问题！

科普小贴士

小朋友，你知道石臼是什么时候出现的吗？

在古代，石臼又称为“碓”，主要用来舂米，还可以捣碎、研磨药材。石臼和水井是人类进入定居时代的主要标志。自远古时代开始，石臼就成了人们生活中的必需品。

稻谷大丰收啦

木砻
去除稻壳的工具。
筛谷
用筛子将混在稻谷中的土块和草分出去。
yáng
飏扇
通过风力扬除糠秕的机械，由脚踏驱动。

利用水力自动舂米的机械，水流驱动转轴，带动碓杆上下运动。
水碓
去谷壳的工具。形似石磨，以竹木制成。
砻磨
舂米的用具。在杠杆一端安装椭圆或上方下圆的石头，用脚踩另一端，使石头起落，捣去石臼里稻谷的壳和糠皮。
碓

六月麦飘香

夏天到了，艳阳高照，金灿灿的麦子终于熟啦！可要想得到洁白的面粉，还需要一系列工序。

我们现在常吃的大饼、面条，以及馒头等食物都是用面粉制成的，那么面粉是怎么来的呢？让我们一起去看看吧！

小麦成熟之后，收割、脱粒的方法和水稻基本相同。至于去除秕麦的办法，北方多用扬场，而南方大多使用风车。

小麦扬过之后，首先要进行淘洗，就是给麦子洗个冷水澡，把里面的灰尘等杂物都除去。然后在太阳下晒干，就可以入磨了。古人发现：每石优质小麦可以获得120斤面粉，而劣质小麦就差远了，可能要少三分之一。磨的种类繁多、大小不一。大的需要强壮的牛来拉动，小一点儿的毛驴也可以拉动，更小的磨只需要用人来推。而南方因为河流众多，人们通常使用水磨。

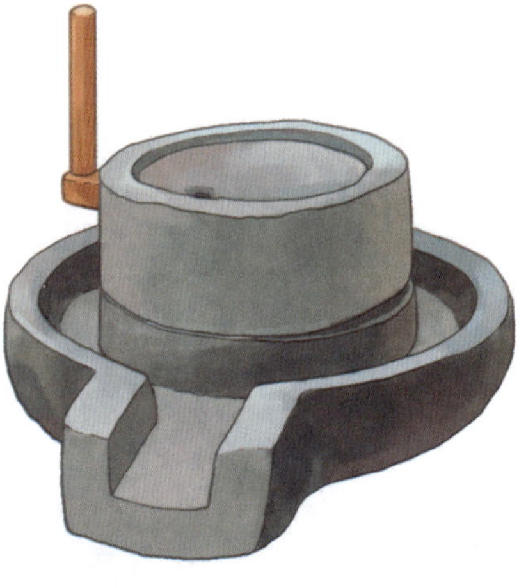

早在新石器时代，人类就发明了石磨。在七八千年前的裴（péi）李岗文化遗址中，已发现了精巧的石磨盘。到了汉代，圆转磨开始广泛使用。

麦子磨成面粉之后，还不能立即食用，必须多次过筛。这时就需要箩来帮忙了。箩底通常用丝绢（juàn）制成，以浙江吴兴一带出产的品质为最好。经过农民辛勤的劳作，就能得到雪白的精面了。因为南方的石磨质量较差，常常把麦麸和面粉混在一起；而北方的石磨品质优良，很轻松就能把它们分开。所以上好的精面大多出自北方，但是出粉率要比南方低一些。

科普小贴士

小朋友，你知道小毛驴拉磨时为什么要蒙上它的眼睛吗？

给小毛驴蒙上眼睛既可以有效减轻拉磨时产生的眩晕感，又可以防止它偷吃东西，让它更加专心地工作。

小麦大变身

1. 用臼去掉谷粒中的糠皮。

2. 用簸箕（bò ji）扬起麦粒，筛掉其中的麦糠。

4. 在面粉中加水搅拌均匀，将其变成面团。再用擀（gǎn）面杖把面团擀成饼胚。

lào
烙饼
5. 将饼胚在饼铛上加热，熟透就变成香喷喷的饼啦！
碾麦
3. 用石碾（niǎn）子或石磨将脱壳后的麦粒碾或磨成面粉。

小杂粮大丰收

夏去秋来，金风送爽，小米、芝麻、豆子等作物也到了收获的季节。为了让它们都能颗粒归仓，古人想出了不少好办法。

人们常用“比芝麻粒儿还小”形容那些微不足道、不值一提的小事。那么，你想过没有，那一颗颗小小的芝麻和小米，是怎么收获的呢？

谷子收割后，先要通过扬场去除糠皮等杂物，再用臼舂一遍就能得到小米了。扬场除了借助风力，还可以使用簸箕。簸箕是用柳条、竹篾（miè）等编成的一种农具，轻巧而灵活。用簸箕扬谷时，较轻的糠皮都扬到了前面，饱满的籽粒就留在了后面。

借助风力扬场，目的是将干瘪的谷粒、杂物等清除干净。虽然看似简单，但要想成功还需要两个条件：一是有适宜的风；二是要注意控制簸箕的角度，便于更好地借助风力。

芝麻收割后，先要在太阳下暴晒几天。等到彻底干燥后，再扎成一个个小把，然后在石头上用力摔打。芝麻壳自动裂开，芝麻粒就落在了地上。因为芝麻籽粒很小，所以摔打前要先铺一块席子。芝麻筛和小型米筛形状相同，但是筛眼要细密得多。筛完后，碎屑等杂物都被分离出来，就得到了干净的芝麻。豆类收获后，也要先放在烈日下晒干。如果数量较少，就用连枷（jiā）来脱粒。如果数量很多，就用牛拉着石磙来脱粒。

连枷是用竹竿或木杆作柄，前面钻一个圆孔，绑上一条10米左右的木棒，或几块竹板。打豆子时，手执连枷不断甩打，豆荚（jiá）随之破裂，豆子就落在了地上。再用风车吹去碎叶，筛过之后，饱满的豆子就可以入仓了。

科普小贴士

常吃黑芝麻真的可以让白发变黑吗？

不能！黑芝麻既可食用，又可做油料，还具有护肤、滋补等功效，并没有治疗白发的作用。但长期食用，对于身体虚弱有一定辅助治疗效果。

一起来熬八宝粥

1. 将红豆、花生、莲子、黑米等提前一天洗干净，泡在水里。

2. 将泡好的红豆、花生、莲子、黑米等下锅，大火烧开后再小火熬煮。

3. 绿豆和薏（yì）米洗净，用水稍泡一会儿。桂圆剥去外皮，跟糯（nuò）米一起淘洗干净。

4. 水煮沸后加入绿豆、薏米、桂圆、葡萄干和糯米，继续熬煮。

5. 再次煮沸后加入洗净的红枣。

6. 继续煮约半个小时后加入适量冰糖，煮至黏稠就好了。

动手做一做

我会做馒头

馒头是大家都喜欢的面点之一，也是我们常吃的主食。下面我们就来动手做一做最简单的馒头吧。

材料及工具

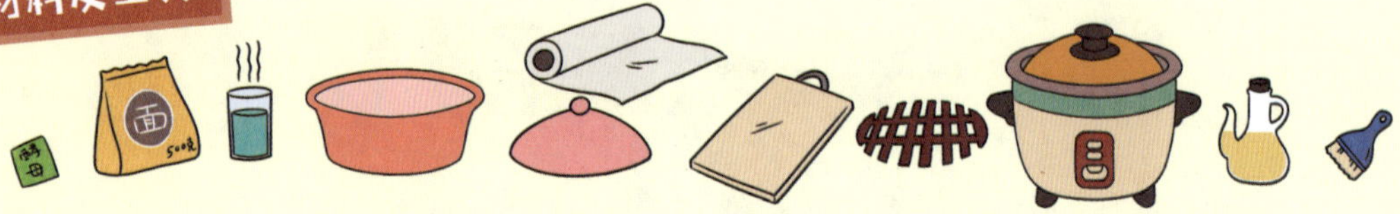

酵母　面粉　温水　盆　盖子或保鲜膜　案板　篦子　电饭锅　食用油　刷子

制作步骤

1

面粉放入盆中，加入酵母并搅拌均匀。

2

分次加入适量的温水，将面粉揉成面团。

3

加盖或加保鲜膜，发酵30分钟。

4

取出面团，可以看到面团内部已经成蜂窝状。

5

在案板上撒上少量干面粉，将面团放在案板上，排气后揉上劲。

6

把面团团成大小相等的若干小面团，每个约50克。

7

在篦子上刷食用油，放入电饭锅。

8

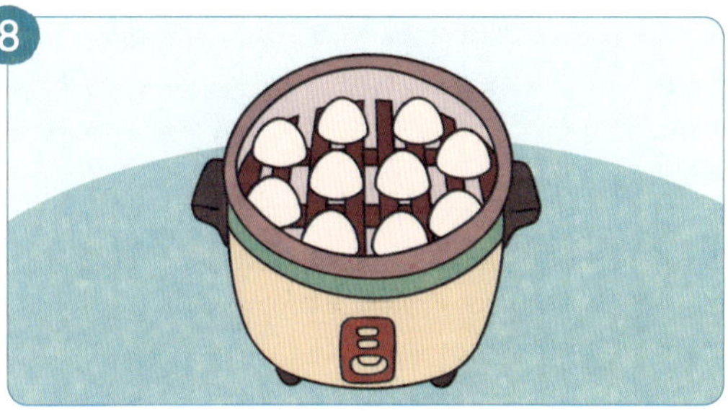

将一个个小面团均匀地放在篦子上。

9

启动电饭锅，下面要做的就是等待啦。

10

电饭锅到指定时间，自动关机。香喷喷的馒头就做好了！

为何发酵过的面团会变成蜂窝状呢？

因为在酵母的作用下，面粉中的糖分会分解为水和二氧化碳。在面团里充入很多的二氧化碳气体，面团自然就变成蜂窝状了。

内 容 提 要

《天工开物里的万物科学》是一套面向5~12岁孩子编写的科普读物，共分为5册，从吃、穿、住、行、用这五个方面介绍生活中的科学，以全新的角度给孩子普及古代科技的发展以及了不起的生产制作过程，力求让孩子读得懂，读出趣味，读出反映古人劳动和智慧的科技文明，读出中国的悠久历史。全书采用半写实风格的中国风全彩插图，再现中国古代科技的精巧；用通俗有趣的语言，还原古人的生活点滴，让孩子切实感受中国古代高超的科技水平，从而让孩子爱上科技。

图书在版编目（CIP）数据

天工开物里的万物科学．五谷杂粮 / 新新世纪编著．
-- 北京：航空工业出版社，2023.7
ISBN 978-7-5165-3376-5

Ⅰ．①天… Ⅱ．①新… Ⅲ．①科学知识－少儿读物
Ⅳ．① Z228.1

中国国家版本馆 CIP 数据核字 (2023) 第 088929 号

天工开物里的万物科学·五谷杂粮
Tiangongkaiwu Lide Wanwukexue · Wuguzaliang

航空工业出版社出版发行
（北京市朝阳区京顺路 5 号曙光大厦 C 座四层　100028）
发行部电话：010-85672688　010-85672689

三河市双升印务有限公司印刷　　全国各地新华书店经售
2023 年 7 月第 1 版　　2023 年 7 月第 1 次印刷
开本：615×960　1/16　　字数：60 千字
印张：3.5　　定价：158.00 元（全 5 册）

天工开物

里的万物科学

2 五味生活

新新世纪◎编著

航空工业出版社
北京

前言

《天工开物》是世界上第一部关于农业、手工业技术的专门著作，由中国明代科学家宋应星编著，1637年初刊，300多年来一直影响着中国农业和手工业技术的传承和发展。

《天工开物》用文言写成，由于明清绘画和雕版印刷技术的限制，插图偏抽象，因此，这部著作与今天的小读者之间存在着很大的隔膜。为了让小读者能读、爱读这部经典而有趣的著作，我们对原著进行了精心梳理，将其记录的各种生产技术融入到一个个反映古人生产生活的故事场景中，并根据原著插图和其他文献，以图画的形式精确再现了原著中生产工具的形象和生产过程。另外，本书还设置了“科普小贴士”板块，帮助小读者了解相关的知识，增加知识储备。

本书趣味性强、情节生动、绘图精妙，贴合小读者的阅读需求。通过阅读本书，小读者可以了解古人如何进行农业和手工业劳动、当

时使用什么样的工具，并能从今天的农业和手工业生产中发现对传统技术的传承。

相信通过阅读本书，小读者会对承载着中国几千年文明的农耕文化产生兴趣，并启迪对工业化和先进生产力的认识。更重要的是，可以由此拓展小读者对传统文化的认知，提升小读者对自强不息的民族精神的理解。

让我们一起翻开这套图画书，探究古人生产的奥秘，触摸农耕文化的脉络。

目录

五味点缀生活

五味点缀生活

酸、苦、甘、辛、咸为五味，咸咸的盐、甘甜的糖、醇厚的油……人们为了舌尖上的享受，发挥着自己的智慧。煮海为盐、化蔗为糖、榨谷为油，看似普通的味道，蕴含着有趣的原理和工艺。翻开本书，走进味道的世界，了解五味点缀的生活。

煮海为盐

很早以前，人们就发现海水中含有大量盐分。春秋战国时期，从海水中提取海盐，就成了制盐的主要方法之一。那么，你知道古人是怎么制取海盐的吗？

食盐是我们日常生活中不可或缺的调味品。从古至今，无论在哪里，人们都会想尽办法寻找食盐。

很早以前，古人就学会了从海水中提取海盐。主要步骤如下：

第一步“布灰种盐”。盐还能从地里种出来吗？当然可以啦！如果估计第二天是晴天，农民就会在海水漫不到的岸边台地上，撒一层一寸多厚的草木灰，并用力压平。第二天早晨，灰层下就会“长”出一层盐。到了中午，把这些灰和盐（统称盐料）收起来，就可以淋洗了。

第二步“掘坑滤盐”。挖一深一浅两个坑，在浅坑边留一个出水口，方便盐水流入深坑中。先在浅坑上铺一层苇席，将盐料铺在苇席上，用海水反复冲洗，过滤后的盐卤（lǔ）水就会慢慢流进深坑里，下面就可以提炼了。

第三步“煎炼海盐”。熬制卤水要用一口大锅，十几个灶眼同时点燃加热。水分蒸发后，就得到了食盐。

盐很容易保存，只要在地上铺一层厚厚的稻草，周围再用砖砌起来，并把缝隙用泥封好，盖上厚厚的茅草，盐就可以放在里面长久存放了。

科普小贴士

小朋友，你知道盐在热锅里为什么会跳来跳去吗？

在高温下，盐中的水晶体急剧膨胀升华，使盐迅速发生破裂，看起来就像在热锅里跳舞一样。

淋土法制盐

1. 刮咸

又称“刺土”，即刮取海滨富有盐分的咸土。

2. 淋卤

用经过选择的海水浇灌咸土，以制取卤水。

3. 煮盐
将卤水入锅，放入皂角，起火煎煮，待水分蒸发后，食盐沉积锅底，随即停火收盐。

七彩盐湖

除了海盐，内陆的盐湖中也大量出产食盐，这就是池盐，它也是古代食盐的主要来源之一。那么与海盐相比，制取池盐又有哪些不同呢？

在远离大海的内陆地区，人们很早就已经发现：一些湖泊里的水竟然是咸的！原来湖水里面含有不少盐分。后来，这些湖泊就被称为盐湖，而盐湖里面出产的盐就是池盐。

明朝的时候，中国有两处重要的池盐产区：一处在宁夏，可以为边疆的居民供应食盐；另一处在山西运城的解（xiè）池，主要供给山西、河南等地。

池盐的生产比较简单，不用像海盐那样熬煮，通常都是自然结晶而成的。这些池盐颗粒比较粗大，因此被人们形象地称为颗盐，也就是古书上记载的大盐。

传说早在西周时，解池盐湖就开始大量生产池盐了。池盐颗粒硕大，颜色洁白，质地纯净，不但可以食用，还能够入药。用池盐腌制的酱菜，颜色纯正，味道鲜美，可以长期保存。

那么，古人是怎样制取池盐的呢？首先在盐湖旁边挖一个深池，等到开春之后，便将盐湖中的水引到池里，然后在池边犁出一条条浅浅的沟渠，再把池中的湖水引入沟里。到了夏秋之交，南风骤起的时候，整个沟渠常常一夜之间就变成了白茫茫一片——结出了一粒粒盐晶。

科普小贴士

小朋友，你知道盐湖为什么是五颜六色的吗?

在炎热的夏季，湖水蒸发强烈、浓度增加，而盐湖中盐类物质的成分和含量不一，不同成分呈现出不同的颜色，同时嗜盐微生物和各种藻类也迅速繁衍，于是大大小小的盐湖就会变得五彩斑斓，像调色盘一样，十分壮观。

盐湖里的宝贝

1. 取盐

将盐池水引入盐田中。

2. 蒸发

盐田中的水经过自然蒸发，浓缩成盐水。

3. 结晶

当盐水浓缩到一定程度时，开始结晶并沉淀在盐田底部。

4. 收盐

结晶后的盐水经过沉淀形成盐块或盐粒，再用工具将它们收集起来。

5. 筛盐

将收集后的盐块或盐粒进行筛滤，去除杂质和水分。

6. 储存

将筛滤后的盐块或盐粒装入袋中或罐中储存。

巴蜀井盐

地处西南边陲的云南、四川等地距离大海十分遥远，而且境内山高谷深，交通十分不便。但自古以来，那里的人们从不为食盐发愁，原来盐都藏在地底下啦！

在四川地区，离河边不远的石头山上就可以凿井取盐。盐井口通常较小，但深度往往超过100米，因此凿井工作既费时又费力，非常辛苦。

那么，古人究竟是怎样凿井的呢？首先要把像鸟嘴一样的铁锥牢牢地固定在竹竿上，再用绳子扎紧。铁锥的尖端一定要既结实又锐利，这样才能在石头上凿出洞来。

一开始，就像舂（chōng）米那样一点一点向下凿，但石头太坚硬了，不一会儿人们就累得汗流浃背。随着洞越挖越深，竹竿也越接越长。这时，要用力把竹竿拉起来，然后猛地向下凿去，下面的石头才能被击碎。就这样，挖一口深井大约需要半年时间才能完成。

古时候，人们已经发明了复杂的传动装置，利用牛等牲畜来凿井，还发明了“冲击式顿钻凿井法”，经改进后现在已经广泛应用于石油钻探。

凿好井之后，首先选一根3米多长的竹竿，把里面的竹节凿穿，只保留最下面一节不凿穿。然后安上阀门，把竹竿沉到井里，就可以汲取卤水了。在井口安上吊杆、辘轳（lù lu）等提水工具。采盐时用牛拉动转盘，随着辘轳缓缓转动，很快汲满卤水的竹筒就被提上来了。将卤水倒进锅里熬煮，就可以得到井盐了。

在四川西部还有一种火井。它巧妙地利用中空的竹竿，抽取地下的天然气来熬煮卤水，火力比燃烧木柴要强得多。真是神奇啊！

科普小贴士

小朋友，你知道“世界第一井”的来历吗？

早在西汉时期，四川临邛（qióng）的先民就开凿了世界上第一眼火井（天然气井）用于煮盐，火井镇也因此得名。而临邛火井则成了人类开凿的第一口天然气井。

井盐的由来

古人有智慧

1. 制造木竹

把长竹竿的竹节都凿穿，留下最后一节不凿穿，然后沉到井里。

2. 盐井汲卤

用牛拉动转盘，经过一系列装置的运转，把装满卤水的竹筒提上来。

3. 井火煮盐

用特定装置抽取地下的天然气，用来熬煮卤水。

红糖是怎么来的

从古至今，糖都是人们日常生活中不可缺的重要调味品。特别是红糖，因为营养丰富，深受人们欢迎，那你知道红糖是怎么来的吗？

日常生活中，常见的糖有红糖、白糖和冰糖等好多种。古时候，人们吃的糖大多来自甘蔗（zhè），还有一些是从蜂蜜或其他农作物中提炼出来的。

甘蔗通常分为两种。一种叫果蔗，长得就像竹子一样，可以直接拿来吃，却不适合制糖。还有一种是糖蔗，长得像芦苇一样纤细，因为容易刺伤唇舌，所以常拿来制糖。下面，就让我们一起去看看古人是怎么把甘蔗变成红糖的吧！

红糖中含有大量维生素与微量元素，营养十分丰富。用红糖制作的各类美食，如红糖发糕、红糖汤圆、红糖酥、红糖麻花等，深受人们喜欢。

制糖要使用笨重的“糖车”。为了保持平稳，人们常常把糖车的底座埋在地里，并用结实的柱子加以固定。然后用牛拖着木轴转动，通过相互咬合的方式反复挤压甘蔗。经过两三次之后，甘蔗汁就全部压榨出来了。

将榨出的甘蔗汁掺一些石灰，再拿到呈“品”字形排列的三口铁锅前。先把浓甘蔗汁倒进第一口锅里，加热并去除杂质。然后不停地把稀甘蔗汁一点点依次加入另两口锅里，直到水分大部分蒸发，锅里的蔗汁就变成浓稠的糖浆了。

再将熬好的糖浆倒进一口小锅里，向着一个方向不断搅拌。等糖浆冷却后，糖砖就做好了，再把糖砖磨成粉就得到红糖了。

科普小贴士

中国是世界上最早制作红糖的国家，甚至可以一直追溯到东汉时期。唐太宗执政以后，还曾专门派遣使者到印度（当时称天竺）学习先进的熬糖法。从此，红糖走进了普通百姓家。

红糖变形记

1. 收割甘蔗

甘蔗分两种，其中的糖蔗可以用来制糖。

2. 榨蔗取汁

利用牛拉动的蔗床，将甘蔗汁榨出来。甘蔗汁用来制糖，甘蔗渣子可以做燃料。

3. 加灰去酸

在甘蔗汁中加入石灰，石灰与甘蔗汁中某些物质反应形成沉淀物。除去沉淀物，就可以去掉甘蔗汁中的胶体、色素等杂质。

4. 熬制糖浆

将处理好的甘蔗汁放入三口呈品字形排列的大锅里，首先将甘蔗汁注入其中一口大锅，熬制的同时去除其中杂质。然后把甘蔗汁依次加入另外两口大锅慢慢熬制，就可以得到浓稠的糖浆了。

5. 浓缩糖膏

继续加热，让糖浆浓缩成黏稠的糖膏。

6. 打砂成糖

将浓缩后的糖膏离火继续搅拌，直到表面现出细砂时为止。待糖浆进一步冷却，就可以定型、食用了。

白糖，爱洗泥水澡

关于白糖的历史，最早可以追溯（sù）到唐朝。而到了明朝时，古人又发明了先进的“黄泥脱色法”，使白糖的大批量生产变成了现实。

古时候，白糖也被称为“石蜜”“糖霜”。它是以福建、广东地区完全成熟的甘蔗为原料，经过反复压榨、提炼而来的。

白糖的压榨工艺与红糖基本相同，熬糖时则要注意火候，等到糖浆粘手时就熬好了。然后，把黄褐色的糖浆用桶装起来，待它慢慢结成糖膏，同时把漏斗似的瓦溜放在一口缸上。瓦溜上宽下窄，底部有一个小孔。先用草把小孔堵住，把熬好的糖膏倒进去，等糖膏完全凝固后把草拿掉，再把黄泥水淋在瓦溜中。黑色的糖蜜被冲进缸里，白糖就留在了瓦溜里。

由于甘蔗汁中的杂质较多，“黄泥脱色法”巧妙地利用了黄泥强大的吸附性，将这些杂质轻松除去，这样既省时省力，又成本低廉，堪称中国古代的一项伟大发明。

得到白糖之后，还可以进一步制成冰糖。其方法是把上好的白糖加热溶化后，用蛋清澄清去掉上面的浮渣。再把新鲜的竹子截成一寸长的竹篾，浸入糖汁中。一夜之后，糖汁就变成了像冰块一样晶莹剔透的冰糖啦！

送金山乡僧归蜀开堂

[北宋] 苏轼

撞钟浮玉山，迎我三千指。
众中闻謦欬（qǐng kài），未语知乡里。
我非个中人，何以默识子。
振衣忽归去，只影千山里。
涪（fú）江与中泠（líng），共此一味水。
冰盘荐琥珀，何似糖霜美。

科普小贴士

最受小朋友们欢迎的还是猊（ní）糖（制成狮形的糖），也叫兽糖，通常用白糖、芝麻等为原料制成，其中以潮汕（shàn）地区的糖狮最为精致，既好吃又漂亮，还可以当玩具哦！

甜蜜的记忆——“吹糖人儿”

1. 熬糖

先把蔗糖、麦芽糖放入锅中，加热、溶化，控制火候，不停搅拌，熬成糖稀。

2. 降温

将已经变得十分柔软的糖稀放在一块石板上，用钢尺反复搅拌降温。

3. 揉糖

揪下一团，揉成圆球，用食指蘸上少量淀粉或滑石粉压一个深坑，收紧外口，快速拉出，拉到一定的细度时，猛地折断糖棒。

4. 吹糖人

此时，糖棒犹如细管，立即用嘴吹气造型。整个操作过程必须经过苦练，手法要准确、造型要简洁生动。吹糖人的关键技术在吹和捏的功夫上。

5. 彩绘

糖人吹制完成后还可以涂上各种鲜艳的颜色。

小蜜蜂也来帮忙啦!

甜丝丝的蜂蜜自古以来就深受小朋友们的喜爱，而且它还是人们最早获得的甜食哦！那么，你知道古人究竟是如何得到蜂蜜的吗?

其实，在蔗糖出现之前，人们早就已经发现了一种更天然的美味——蜂蜜。说起蜂蜜，那就要请出我们的好朋友——可爱的小蜜蜂来帮忙了。

最初，人们主要在陡峭的悬崖或幽暗的洞穴中采集野生蜂蜜。但野生蜂蜜产量很低，野蜂也常常攻击人类，十分危险，因此人们慢慢开始尝试着饲养蜜蜂。

野生蜂巢通常建在高处，要得到蜂蜜就需要一根长长的木杆。采蜜人高高举起长杆，轻轻刺破蜂巢，香甜的蜂蜜就慢慢地流出来了。

酿蜜之前，先要建造蜜脾（蜜蜂酿蜜的房子）。它的样子就像排列整齐的鬃（zōng）毛一样向上竖起，上面布满了一个个六边形的小房子（蜂房）。蜜蜂采蜜回来后，会先把花蜜吐到一个个空蜂房中。到了晚上，蜜蜂再把花蜜吸到蜜胃里调制，然后再吐出来，这样重复一两百次，才能酿出甜美芬芳的蜂蜜。

只要天气晴朗，蜜蜂总是忙个不停。它们一天要外出采蜜40多次，每次采100朵花，却只能酿出0.5克蜂蜜，而它们的平均寿命只有30～40天。

蜂蜜酿好之后，就到了割蜜脾的时候了。在这个过程中，会有一些幼蜂和蜂蛹死在里面，可能还会混进其他一些杂质。用细纱布过滤之后，才能得到纯净的蜂蜜。

科普小贴士

很多小朋友都爱吃甜食，但是甜食吃太多就很容易出现龋（qǔ）齿（蛀牙）。蜂蜜中含有一种特殊的酶（méi），可以抑制牙菌斑的产生，有效预防龋齿。

甜蜜的礼物——取蜂蜜

1. 烟熏敲打

取蜂蜜前先烟熏。特殊植物燃烧产生的烟雾，可以降低蜜蜂的活跃度并将其驱散。当然，操作时还是要穿好防护装备。

2. 割取蜜脾

养蜂的取蜜旧方法，是将蜜桶中的蜂蜜和蜂巢割下来。

3. 巧用蜂刷

用蜂刷小心刷掉蜜脾表面的蜜蜂。

4. 割除蜡盖

在甩蜜之前，要割除蜜脾表面的蜡盖。

5. 高速甩蜜

把蜜脾放进离心机，通过离心机的高速转动，里面的蜂蜜就被甩出来了。

6. 纱布过滤

此时的蜂蜜中还含有一些杂质，需要用纱布过滤，才能食用。

油的妙用

在遥远的古代，人们很早就发现并开始使用油了。油不仅给人们带来光明、用来烹饪美味食物，而且还有许多奇妙的用途，人们一刻也离不开它！

古时候，人们大多过着日出而作、日落而息的生活。但是，有些人却不得不夜以继日地劳作，例如以纺织为生的女工和刻苦求学的读书人。那么，他们是靠什么照明的呢？

因为生活贫困，他们大多只能借助木柴燃烧时微弱的火光，或者朦胧的月光，甚至萤火虫的亮光、雪后的微光等来照明，“囊（náng）萤映雪”这则成语就来源于此。

但是，仅仅依靠这些来照明，显然无法满足人们的需要，于是古人便开始利用植物果实中的油脂或者动物身上的油脂来炼油。

在汉代以前，人们使用的都是动物油，称为“脂”和“膏”。根据《释名》记载：“戴角曰脂，无角曰膏。”就是长角的动物如牛羊的油叫作脂，没有角的动物如猪狗的油叫作膏。从形态区分，凝固的称为脂，液状的称为膏。当时，这些动物的油脂大多用来照明。

公元前约3世纪，中国就出现了用鲸的脂肪制成的“长明灯”（蜡烛），但产量十分稀少，一般只供皇帝与贵族使用。

除了照明，油脂还有许多用途，很快就变得供不应求，于是人们又学会了提炼各种各样的植物油来满足大家日益增长的需要。例如在宋朝之前，人们主要食用芝麻油。宋朝之后，随着技术的进步，菜籽油、大豆油等也陆续走上了人们的餐桌。

科普小贴士

小朋友，你知道世界油王是哪种植物吗？

油棕。它的产油量极高，一般亩产棕油200千克左右，是花生的5倍、大豆的10倍。棕油用途十分广泛，有“世界油王”之称。

油的好处多

油纸和油布可以做成雨披和雨伞。

油灰和麻絮混合后，可以填补船只的裂缝。

牛油可以作为润滑油。

芝麻油
芝麻油
芝麻油可以用来治疗牛虱（shī）。
桐油可以帮助木材防腐、防潮、防虫。
桐油
茶油
茶油可以用来养护头发。

古法榨油

古时候，人们很早就发现草木的果实中含有丰富的油脂，但要想得到它们，必须借助各种复杂的工具，来看看古人是怎么榨油的吧。

榨油之前，首先要准备好榨油的工具——榨油机。制造榨油机最好选用整段的樟（zhāng）木，其次可以使用檀（tán）木、杞（qǐ）木。木料一定要足够粗壮，起码要一个成年人双手合抱那么粗才行。

造榨油机时，先将整段木料一点点挖空，以方便放置需要压榨的油料。然后在中空部分下面再凿出一条导油槽和一个正方形的小孔，这样榨出的油就能顺着导油槽流入下面的油桶中。最后，用一根坚硬的撞木撞击木楔（xiē），把油料里的油慢慢挤压出来。撞木和被撞的木楔都要用铁圈箍（gū）住头部，以免木料裂开。

榨油机造好后，就可以开始榨油了。

第一步，将大豆等油料作物仔细筛选，去除里面的豆壳、石子等杂质，然后放入水中清洗，晾干之后放进锅里炒制。炒制时尽量使用文火慢炒，炒到飘出香味时取出，压碎蒸熟。最后用稻秆或麦秆迅速把它们包裹成饼状——油饼，并用铁箍或竹篾固定。

如果制作油饼时动作缓慢，蒸好的原料已经冷却，出油率就会明显降低。

第二步，把包好的油饼整齐地码放在榨油机里，用木楔牢牢地固定。

第三步，推动撞木用力撞击木楔，不断挤压油饼，里面的油就慢慢流出来了。

科普小贴士

除了传统的压榨法之外，针对不同的油料作物，古人还发明了水煮法、研磨法、舂磨法等多种加工方法。其中，有“油中皇后”之称的芝麻油（小磨香油）就是运用研磨法制成的。

磨出醇香——小磨香油

古人有智慧

1. 漂洗

首先把芝麻倒入木盆中，加适量的水，用笊（zhào）篱来回搅拌，使土石杂质充水、沉淀。然后捞出晾干。

2. 炒制

将已经晾干的芝麻放入一口大铁锅中，用文火慢慢炒制，直到香气四溢，炒熟为止。

3. 磨浆

将炒熟的芝麻凉凉后放入石磨中，石磨磨制的最大好处是低温研磨，磨制的整个过程温度为60℃～65℃。

4. 搅拌

将磨好的芝麻浆放入一口铁锅中，加入适量开水，反复搅拌。

5. 撴（dūn）油

让油、水、油渣子更好地分离。

6. 沉淀

因为油的密度比水低，所以在反复搅拌之后，芝麻油慢慢浮上了水面，而油渣子则沉入了水底。香油就制成了。

酒

酒，发酵造就的神奇

发酵是物质的一种神奇的变化过程，粮食经过一系列物理、化学、生物的作用，可以变成浓香的酒。自古以来，酒就激发着诗人的灵感、伴随着人类的悲欢与离合。酒是如何酿造的？酒中还有什么奥秘，请看本文。未成年人不要饮酒哦！

美酒之母：酒曲

酒是古人智慧的结晶，早在商朝时，甲骨文中就多次出现了关于酒的记载。那么，古人究竟是怎样酿酒的呢？

中国酿酒的历史十分悠久，早在远古时期，人们就学会酿酒了。商周时期，饮酒之风广泛流行，百姓们开始纷纷饮酒。传说，残暴的商纣（zhòu）王甚至建造了“酒池肉林”供自己享乐。后来，人们发明了利用酒曲酿酒的技术。从此，酒终于可以大量生产了。

关于酿酒的起源，一直众说纷纭。一说上古时期的三皇之一伏羲（xī）教会了人们酿酒，一说夏禹时代司掌造酒的女官员仪狄（dí）是中国最早的酿酒人，一说上古时期的杜康是酿酒的始祖，一说人们模仿猿猴造酒而逐渐掌握了酿酒的技术。

酒曲又称酒母，是古人酿酒时必备的催化剂，一般用粮食制成。没有酒曲，再好的米麦等粮食也酿不出酒。传说，古时候人们用曲酿造黄酒，用糵（niè）酿制甜酒。后来人们嫌甜酒味道太淡，结果酿制甜酒的技术就慢慢失传了。

制作酒曲可因地制宜，麦类、稻米或面粉都是很好的原料。比如用麦子制成的曲叫麦曲，用白面制成的曲是面曲。

制作麦曲，最好在炎热的夏天。制曲时先把带皮的麦粒用井水洗净、晒干。然后把麦粒磨碎，用洗麦子的井水搅拌均匀后做成块状，再用楮（chǔ）树的叶子包好，挂在干燥通风的地方，或者用稻草覆盖。不久，里面就会长出一层黄色的霉菌。49天后就可以使用了。制作面曲的方法与麦曲大同小异，这里就不再赘（zhuì）述了。

科普小贴士

酒曲种类繁多，按制曲原料划分，可分为麦曲和米曲；按曲中的添加物划分，加入草药的称为药曲，加入豆类的称为豆曲；按曲的形态划分，可分为大曲、小曲和散曲。

中国酿酒的历史

1. 约在9000年前，中国南方先民就开始利用稻谷酿出了世界上最早的酒。

2. 距今四五千年的大汶口遗址，出土了大量酒器。这说明当时已经存在酿酒行业。

3. 商代，用谷物酿酒的技术普及，统治阶层饮酒的风气盛极一时。诸多文献也记载了商代贵族沉湎于酒的情况。

4. 周朝时期已经设有专门管理酿酒的官吏。春秋战国时期，酿酒技术已经达到较高水平。

5. 秦汉以后，制曲技术逐渐走向成熟。唐朝时期，制曲的时候经常掺入中草药，来增强酒曲的发酵力，此时已经出现了红曲酿酒的迹象。

6. 宋代，官府设置了专门的酒务，管理酒的酿造与售卖。人们一般喝的都是度数较低的米酒。此时，家酿酒开始出现，度数较高。

奇妙的红曲

古时候，人们在酿造黄酒时偶然发现，有一种红曲具有“化腐朽为神奇”的妙用。而且它用途广泛，不仅可以酿酒，还可以烹饪美味佳肴。那么这种神奇的红曲是怎样制成的呢？让我们一起去看一看吧。

据传说，在两千年前人们就发现了一种奇妙的酒曲，叫作红曲。它有什么奇妙之处呢？在自然界中，鱼、肉是最容易腐烂的。但只要在上面涂一层红曲，就算是在炎热的盛夏放置十几天也不会变坏，苍蝇和蛆虫也不敢接近，色泽味道也没有变化。真是神奇啊！

制造红曲一般要选择精心筛选的籼（xiān）稻米。先在石臼（jiù）中将米舂干净，再用水连续浸泡7天，这时它已经变得臭烘烘的了，接着要用山间流动的溪水反复漂洗，不能用大河里的水哦！洗净后的稻米放入蒸锅中蒸到半熟，取出后浇上一些冷水，冷却后继续上锅直到蒸熟。这时候，原本臭烘烘的稻米反而变成香喷喷的米饭了！真是奇妙的变化！

接着，趁米饭还没变凉时，将最好的红酒糟（曲种）倒进去，再放一些马蓼（liǎo）汁和明矾水拌匀，直到变凉为止。下面要注意观察，如果一段时间后米饭的温度上升了，说明曲种产生作用了。然后，把饭（曲饭）倒进箩筐里，淋一些明矾水，再分别放到篾盘里，放到通风透气的架子上。

接下来7天内，无论白天黑夜，大概每40分钟就要搅拌1次，绝不能中断。起初曲饭的颜色是雪白的，一两天就变成了黑色，之后变成褐色，又由褐色变成赭（zhě）色，接着变成红色，最后又变成微黄色。这时红曲就做好了，它的价值和功效比一般的酒曲要高很多。

科普小贴士

制造红曲时，造曲的工人必须把手和盛曲的篾盘、竹席洗得干干净净，不能有一点脏东西。如果不小心混进了脏东西，制曲的工作也就彻底失败了。

醇香的红曲酒

1. 糯米洗净后加水浸泡至米粒能轻松捻（niǎn）碎时，洗净沥干。

2. 放入柴火蒸锅里蒸至糯米熟透，用手捻开无白芯。

3. 蒸好的糯米摊开自然放凉，把红曲霉撒在上面，充分搅拌均匀，放置发酵。

4. 将发酵好的红曲倒入陶制酒缸，加水继续发酵，直至米曲全部变成红色。

5. 将米曲混合的酒液盛出，滤出纯净的酒汁，倒入陶制酒坛密封，消毒处理。

6. 将酒坛存入酒窖中二次发酵，储存越久味道越好，直至生成醇香美味的陈年红曲酒。

动手做一做

神奇的小泡泡

酒精进一步经过复杂的反应，会产生醋酸。这样，香香的酒就变成了酸酸的醋。下面，我们用醋做一个小实验：制造泡沫。

实验器材

醋适量

小苏打适量

碗

实验步骤

1

在碗里加入小苏打。

向小苏打里倒入醋。

碗里瞬间出现很多气泡。

原来，小苏打的成分是碳酸氢钠，与醋中的醋酸反应，会产生醋酸钠、水和二氧化碳。产生气泡就是二氧化碳剧烈释放的结果。

如果将小苏打换成食用碱，也会产生同样的效果。食用碱成分是碳酸钠，与足量的醋酸反应同样会产生醋酸钠、水和二氧化碳。用食用碱做这个实验，醋的量一定要足，如果醋的量不足，则会产生醋酸钠和碳酸氢钠，而不会产生二氧化碳，也就不会有气泡了。

内 容 提 要

《天工开物里的万物科学》是一套面向5~12岁孩子编写的科普读物，共分为5册，从吃、穿、住、行、用这五个方面介绍生活中的科学，以全新的角度给孩子普及古代科技的发展以及了不起的生产制作过程，力求让孩子读得懂，读出趣味，读出反映古人劳动和智慧的科技文明，读出中国的悠久历史。全书采用半写实风格的中国风全彩插图，再现中国古代科技的精巧；用通俗有趣的语言，还原古人的生活点滴，让孩子切实感受中国古代高超的科技水平，从而让孩子爱上科技。

图书在版编目（CIP）数据

天工开物里的万物科学．五味生活 / 新新世纪编著．
-- 北京：航空工业出版社，2023.7
ISBN 978-7-5165-3376-5

Ⅰ．①天… Ⅱ．①新… Ⅲ．①科学知识－少儿读物
Ⅳ．① Z228.1

中国国家版本馆 CIP 数据核字（2023）第 088943 号

天工开物里的万物科学·五味生活
Tiangongkaiwu Lide Wanwukexue · Wuweishenghuo

航空工业出版社出版发行
（北京市朝阳区京顺路 5 号曙光大厦 C 座四层　100028）
发行部电话：010-85672688　010-85672689

三河市双升印务有限公司印刷　　全国各地新华书店经售
2023 年 7 月第 1 版　　2023 年 7 月第 1 次印刷
开本：615×960　1/16　　字数：60 千字
印张：3.5　　定价：158.00 元（全 5 册）

丝绵麻皮装点的生活

从遮体御寒到美化生活，几千年来，衣物的作用越来越广泛，衣服的面料也越来越丰富。但是，直到今天，我们仍然离不开丝、绵、麻、皮这四种经典面料。这四种面料不仅代表着过去，也装点着今天和未来。

一起来养蚕

中国是世界上最早种桑养蚕的国家。在遥远的古代，蚕就在人们的生活中占据着十分重要的地位，并且诞生了众多蚕神。那么，古人究竟是怎样养蚕的？他们又尊奉哪些蚕神呢？

蚕又称桑蚕，是由野蚕经过长期驯化而来的。考古学家研究发现，大约在7000年前，中华民族的祖先就已经开始养蚕了。

蚕一生要经历卵、幼虫（蚕）、蛹（yǒng）、成虫（蛾）四个阶段。一只雌蚕蛾一次大约可以产200粒卵。到了产卵的时候，养蚕人会先将纸或布铺在地上，然后把雌蚕蛾放上去，一粒粒芝麻似的蚕卵就会均匀地落在上面。

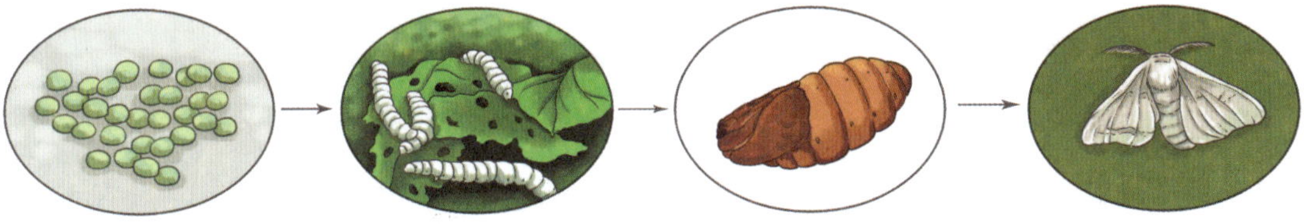

卵　幼虫　蛹　成虫

按照传统的习俗，每年腊月十二到二十四，养蚕人要对蚕种进行浴种——蚕浴，目的是淘汰劣质的蚕种。到了第二年清明节之后，留下的优良蚕种就会陆续孵化出蚕宝宝了。下面，就要采摘桑叶喂养蚕宝宝了。

经过浴种，那些孱弱的蚕种就会死掉，无法孵出蚕宝宝了，这样可以节省桑叶，剩下健康的蚕宝宝长大后吐的丝也会更多。

蚕宝宝出生后，胃口很大，又很娇气，所以要把桑叶切成细条喂养它们。而且还要经常更换蚕筐，进行通风和清洁，不然可爱的蚕宝宝就可能会被堆积的蚕粪和残叶压死。大约30天后，蚕宝宝吃够了桑叶慢慢成熟了，就准备吐丝结茧了。

蚕宝宝吐丝结茧叫作上山，也叫上蔟（cù）。养蚕人先准备好蚕箔（bó，一种以竹篾或苇子等编成的养蚕器具），上面有稻秆或麦秆做成的山蔟，然后将要吐丝的蚕放到上面就可以了。蚕宝宝上山结茧对环境要求很高，既要通风，又要暖和，而且光线要尽量柔和，不能让太阳直射。

科普小贴士

蚕喜欢温暖的环境，有了炭火盆取暖，它们就会乖乖趴在蚕箔上，不再到处乱爬。吐丝结茧时，它们吐出的丝很快就会干燥，这样烘烤过的丝经久耐用，很受欢迎。

古代的蚕神们

嫘（léi）祖

神话传说中黄帝的妻子，发明了养蚕技术，被称为“天蚕娘娘”。

马头娘

相传，其形象多为一个女人披马皮，或一个女人骑马。大概起源于古代对妇女发明和从事蚕桑的推崇，或者古人认为蚕与马在形体上有相似之处。

青衣神

蜀地民间信仰中的蚕神，即蜀地先王蚕丛氏。蚕丛，据文献记载是古代蜀王。传说他曾穿青衣教人蚕桑，蚕织业从此兴起，死后被尊为青衣神。

蚕花五圣

又称“蚕皇”“五花蚕神”。其形象为三眼六臂，头戴夫子盔。上面两手高举过头，一手托日，一手托月；中间两手一手抓丝，一手抓茧；下面两手合于腹部，捧一摞蚕茧。清明时节江浙一带流行祭祀此神。

蚕茧变成丝

蚕宝宝吐丝结茧后，要怎样把一个个圆滚滚的蚕茧变成蚕丝呢？让我们一起去学习古代的缫（sāo）丝工艺吧。

蚕茧结成3天以后，蚕农就可以来摘茧了。茧壳外面的浮丝叫茧衣，不能用来缫丝（将蚕茧抽出蚕丝的工艺）。剥掉茧衣后，必须把蚕茧放在干燥通风的地方慢慢晾干。如果用橱柜储存蚕茧，就会使茧受潮，出现断丝现象。

那蚕茧晾干后就可以开始缫丝了吗？还不行。缫丝用的茧，必须选择品相圆滑端正的单茧，这样缫出的丝才不会杂乱。如果是两条或四五条蚕一起结成的茧，应该专门挑出来做丝绵。因为用这种茧抽出的丝实在太粗了，根本无法使用。

那些不适合缫丝的蚕茧，通常会被制成丝绵。制作丝绵也有很高的要求，既要蓬松均匀，又要干净洁白。只有心灵手巧的工匠才能完成，而且还要有洁净的水质哦！

选出合格的蚕茧之后，接下来就要煮茧了。煮茧可以使蚕茧逐渐软化，便于抽丝。煮茧通常有两种方法，一种是把锅放在灶上一边煮一边抽丝（热釜缫丝）；另一种是先把茧放在热水中煮沸，过一会儿再移到温度较低的锅里抽丝（冷盆缫丝）。

前者一般挑选较差的茧，缫出的丝称为火丝，质量也稍差一些；后者则一般选用优质的茧，缫出的丝称为水丝，质量上乘。

然后，先将茧倒入锅中，加入开水。待水煮沸后，用竹签轻轻拨动水面，丝头就冒出来了。用手抓住丝头，将它穿过竹针眼，然后绕过滚轮，挂在送丝竿上，再连接到大关车上，就可以开始缫丝了。

缫丝时要选择干燥不冒烟的木柴，这样就不会影响丝的色泽。缫丝时，还要在离大关车约5寸的地方生一盆炭火，可以使缫出的丝迅速干燥。

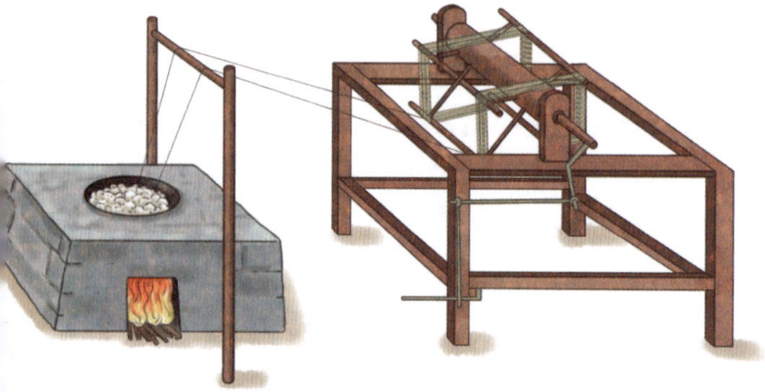

科普小贴士

一条蚕一生吐出的丝大约有1000米长，做一条领带就需要100多个蚕茧，而做一件女士上衣则需要600多个蚕茧。

形形色色的缫丝工具

1. 缫车发明以前，缫丝时的绕丝工具，最初大概只是简单的H型架子。

原始的缫丝方法，是将蚕茧浸在热水盆中，用手抽丝，然后绕于丝筐（H型架子）上。盆、筐就是原始的缫丝器具。

3. 秦汉以后，成形的手摇缫车才出现。唐代手摇缫车的使用已相当普遍。

2. 战国时将H型架子改进成辘轳式的缫丝軖（kuáng）。缫丝軖是手摇缫车的雏形，用竹制成，用短辐（fú）交互连接，中贯以轴，放在缫釜上面，使用时直接拨动使之不断回转，将缫釜中引出的丝条直接缠绕在軖框上。

4. 脚踏缫车出现在宋代，是在手摇缫车的基础上发展起来的，它的出现标志着古代缫丝工具的新成就。

在明代时又出现了一种坐式脚踏缫车。

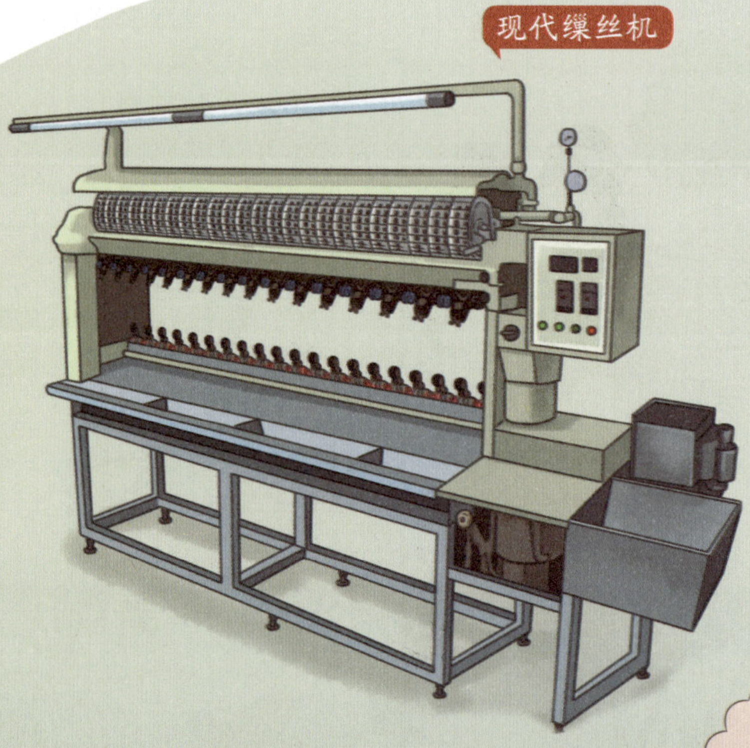

5. 现代机械化缫丝机，大大提高了生产力，解放了人类的手脚。

华美的丝绸

缫丝完成后就可以开始织帛（bó）了吧？不行，古人在织帛前还要进行细致的准备工作哦。缫好的蚕丝要经过练帛、浣（huàn）纱、绕丝、划分经纬等步骤，才能进行织帛。

缫好的蚕丝称为生丝，表面有一些丝胶，所以下面的工作就是练帛。练帛是用草木灰浸泡蚕丝，以去除上面的丝胶。

浣纱是为了洗去残存的草木灰等杂质。浣纱即水洗，通常在溪流边完成。只有经过浣洗，才能得到漂亮润滑的熟丝哦！

传说在春秋时期，越国有个美女名叫西施。一天，她和伙伴们在溪边浣纱。这时，一条鱼儿发现了西施在水中的倒影，因为惊叹她的美丽，竟忘记了划水，沉入了水底。

接下来是绕丝。绕丝通常在明亮的屋子里进行，先将木架放在地上，上面竖着四根竹竿，然后把熟丝套在上面。在竹竿旁边两三米高的地方，再固定一根小竹竿，上面是一个半月形的挂钩，把熟丝穿过挂钩。就这样，一手转动绕丝棒，一手拉扯熟丝，一会儿功夫就整理完了。

绕丝完成后，就可以开始纺织经线和纬线了。纬线通常比经线粗一些，所以要用纺车将几股丝合成一股作为纬线。

制作经线时，要将绕丝棒上的丝依次穿过溜眼，再穿过掌扇，最后绕在经耙上。

一切准备就绪，就可以织帛了。

科普小贴士

“帛”字，最早出现在商代的甲骨文中，原指白色的丝巾，引申为白色的丝绸，后来慢慢变成了丝织品的代称。这充分说明，蚕桑业及丝织业在商朝就已经出现啦。

帛的妙用

1. 制作华美的衣服

帛价格昂贵，一般只有达官贵人才能穿得起。

出土的汉代帛书

出土的汉代帛画

2. 记载历史文献

帛书，中国古代写在绢帛上的文书。已出土楚帛书和汉帛书。帛书是以白色丝帛为书写材料，其起源可以追溯到春秋时期，现存实物以子弹库楚墓中出土的战国的帛书为最早。

帛画，中国古代画种。因画在帛上而得名。在其上用笔墨和色彩描绘人物、走兽、飞鸟及神灵、异兽等形象的图画，约兴起于战国时期，至西汉发展到高峰。

3. 当作货币

在有的历史时期帛是古代货币之一，财富的象征，帛可以直接当作货币使用哦！

4. 象征和平的礼物

化干戈为玉帛，玉帛象征着和平。玉器和丝织品，是古代诸侯会盟时带的礼物。

5. 药用价值

元代医学家王好古说，绯（fēi）帛可以治疗筋骨损伤。明代医学家李时珍认为，绯帛还能治疗妇女血崩、刀伤出血、白癜风等病。

神奇的织机

最初丝绸是没有花纹的，为了让它们更加漂亮，人们想尽办法在上面增加一些美丽的图案，于是聪明的古人发明了提花机。

在上织机前，准备制成纱或罗的丝还要用面糊浆洗一下，这样可以使纤维更加硬挺。有些已经染色的丝，因为已经失去了原本的质地，则要用牛皮胶水上浆，织成的纱就叫“清胶纱”。

为了使面糊涂抹均匀，要先将面糊涂在梳筘（kòu，一种织布工具，织布时用于梳理，便于织布）上，再用它反复梳理丝，使丝浆透再晾干，这被称为过糊。

提花机出现于东汉时期，又称花楼，代表了中国古代织造技术的最高成就。提花机发明之后，在苏州、杭州等地广泛使用，主要用来生产各种高级丝织品。

没有花纹的帛看起来光秃秃的，因此古人为了让它们更加美观，就打算在上面点缀一些凸凹的花纹，于是提花机就出现了。

提花机很庞大。上面是高耸的花楼，可以控制经线的起落；中间是衢（qú）盘，用来调整经线开口的位置；下面是衢脚，主要控制经线的复位。为了固定衢脚，在花楼下面还要挖一个深约60厘米的坑。

就这样，经过提花机的加工，一匹匹漂亮的丝绸就呈现在人们面前了。

科普小贴士

丝绸衣服既舒适又时尚，虽然价格昂贵，但依然不能阻止人们对它的喜爱，连接亚欧大陆的商路也被称为“丝绸之路”。在古罗马，丝绸更是备受推崇，甚至成了身份和地位的象征。

丝绸之路上的城市和关隘

罗马

今天意大利的首都，也是古罗马的发祥地。古罗马的势力范围一度涉及整个地中海沿岸地区，留下了诸多城市遗迹。古罗马竞技场是古罗马建筑的象征，其中以今天意大利罗马的竞技场最为著名。

雅典卫城

位于今天希腊首都雅典的一座小山丘上，是古希腊时期重要邦国之一，留下了包括雅典娜神庙、帕特农神庙等建筑遗迹。

巴比伦

巴比伦王国位于今天伊拉克境内的美索不达米亚平原，是世界四大文明古国之一。

玉门关

在今天的甘肃省，是汉朝等朝代长城上最西边的关隘之一。古人在这里留下了很多寄托离别或思乡之情的诗句。

长 安

中国西汉、唐等朝代的国都，是西安的古称。位于今天的陕西省西安市，鼎盛时期是世界上最繁华的大都市之一。

棉花变棉布

棉花是世界上最重要的农作物之一，产量大、成本低，物美价廉。那么，你知道棉花是怎么变成舒适耐用的棉布的吗？我们一起去看看吧。

自古以来，贫穷的百姓主要用棉花来抵御冬季的严寒。棉花分木棉和草棉两种，棉絮也有白色和紫色之分，其中绝大多数是白色的。

棉花一般在春天播种，秋天结出棉桃。先成熟的棉桃可以先采摘，所以收获期并不固定。刚刚收获的棉花，棉絮和棉籽牢牢粘在一起，要用赶车才能把它们分开。去掉棉籽后，再用牛筋和木头做的弹弓反复弹击。随着“嘭嘭嘭”弓弦声响起，雪白的棉絮漫天飞舞，棉花就慢慢变成蓬松柔软的棉絮啦！有了棉絮，就可以制作棉被和棉衣了。

据考证，棉花发源于印度河流域。约公元前6000年，那里的人们就开始种植棉花了。令人惊讶的是，在当地高温潮湿的环境中，棉花甚至可以长到6米多高，真是神奇啊！

棉花弹好后，先用木板搓成长条，再用纺车纺成棉纱，然后绕在棒子上，就可以织成棉布了。一名熟练的纺纱工人，一只手能同时握住三个纺锤，把三根棉纱纺在锭子上。但是如果纺得太快，棉纱就不结实了。

棉布的产地很广，纺织技术最好的是松江（在今上海市），浆染技术最好的在芜湖（在今安徽省）。

在纺织棉布时，如果纱线排列紧密，布料就比较结实；要是纺得松散，布料就容易破损。

科普小贴士

小朋友，你知道棉花为什么不是花吗？

棉花虽然看起来像盛开的花朵一样，但其实并不是花，而是棉籽上表面一层厚厚的植物纤维，就像婴儿的襁褓（qiǎng bǎo）一样，把棉籽紧紧包裹起来，保护里面的棉籽免受害虫侵扰。

棉花简史

1. 1000万~2000万年前，棉花就已经在地球上诞生了。它种子上的绒毛通常短而粗糙，等到成熟时，种子的外壳会裂开，棉种就可以轻易地被风吹走，飘向远方。

2. 大约在6000年前，印度人最早开始驯化繁育并利用棉花服务于人类。

3. 大约在3000年前，海南岛上的黎族先民开始使用传统的腰机纺织五彩斑斓的棉布。《尚书·禹贡》中记载“岛夷卉服，厥篚（fěi）织贝”，学界认为“岛夷”主要指海南岛上的原住民。可见早在春秋战国时期，海南黎族已掌握纺织技艺。

4. 我们从一些史书当中就可以了解到南北朝时期新疆棉花有多出名了。当时称为白叠子、白碟子，那里的高昌国的人会大量种植这种植物，并且把它纺织成布，拿到市场上去售卖。

5. 到了元朝初年，纺织家黄道婆把从黎族人民那里学来的织造技术，结合自己的实践经验，总结成一套较先进的“错纱配色、综线挈（qiè）花”等织造技术，棉花开始大规模种植。此后，松江一带成为全国的棉织业中心，经久不衰。

6. 17世纪～18世纪，松江出产的棉布大量销往欧洲，深受当地人的喜爱。欧洲从亚洲进口大量棉布，这引起了欧洲商人对棉纺织业的兴趣。

夏布挡酷暑

夏天到了，我们的衣服越来越单薄，可即使坐在空调房里仍旧热得满头大汗，那么，你知道古时候人们在夏季穿什么衣服吗？

在棉花出现之前，人们大多穿苎（zhù）麻制成的麻布衣服。因为麻布透气性好，轻薄舒适，主要用来制作夏季的衣服，所以又称夏布。工匠们精心制作的夏布，结实耐用，凉爽透气，曾被列为贡布，常用来制作官袍，是达官贵人们喜爱的珍品。

苎麻是中国特有的农作物，种植历史十分悠久，又被称为“中国草”。在大约7000年前的河姆渡遗址中，人们就发现了用苎麻编织的草绳。而在钱山漾遗址出土的苎麻布，距今已4700多年了。

苎麻分布广泛，南北方都可以种植。根据地域不同，有的地方一年可以收割两次，有的地方可以收割三次，而炎热的南方地区甚至可以收割四五次。

苎麻是优质的纺织原料，被称为“天然纤维之王”。在众多植物纤维中，苎麻纤维的长度最长，而且富有弹性。用苎麻做的衣服，清凉透气，穿着舒适，是夏季的首选。

苎麻皮剥下之后，先要放在太阳下晒干，因为它遇到水很快就会腐烂。把麻皮撕成纤维前，要先用水浸泡约5个小时，如果时间太久，也会腐烂。苎麻原来是淡黄色的，经过漂洗后就会变成白色。漂洗时先用稻草灰或石灰水煮沸，然后在溪水中反复漂洗，晒干后就变成白色的了。

苎麻纺织所用的工具与棉花基本相同，这里就不再赘述了。

科普小贴士

古时候，人们为了节约贵重的金属，甚至还将麻布作为货币来使用，称为布币。作为国家的法定货币，其历史可以一直追溯到春秋战国时期。

苎麻的妙用

1. 制作夏衣和帷帐

夏衣吸汗透气，穿着舒适。苎麻制成的帷帐，防蚊虫效果很好。

2. 制作绳索

苎麻坚固耐用，挑担子时不可或缺。还可以做鞋底绳，用来纳鞋底。

3. 制作苎麻粑（bā）粑

苎麻的嫩叶加面粉还可以加工成湖南桂阳的一道美食——苎麻粑粑。

4. 造纸

据考古发现，纯正的优质麻纸可保存1200年以上，可谓“千年寿纸”。东汉蔡伦发明造纸术时，主要就是使用苎麻和布头等为原料改进工艺，麻纸制造才得以普及。

5. 药用

苎麻根可以入药，治疗出血、跌打损伤、骨折等症。

6. 保持水土

苎麻根系发达、固土力强，可以保持水土。

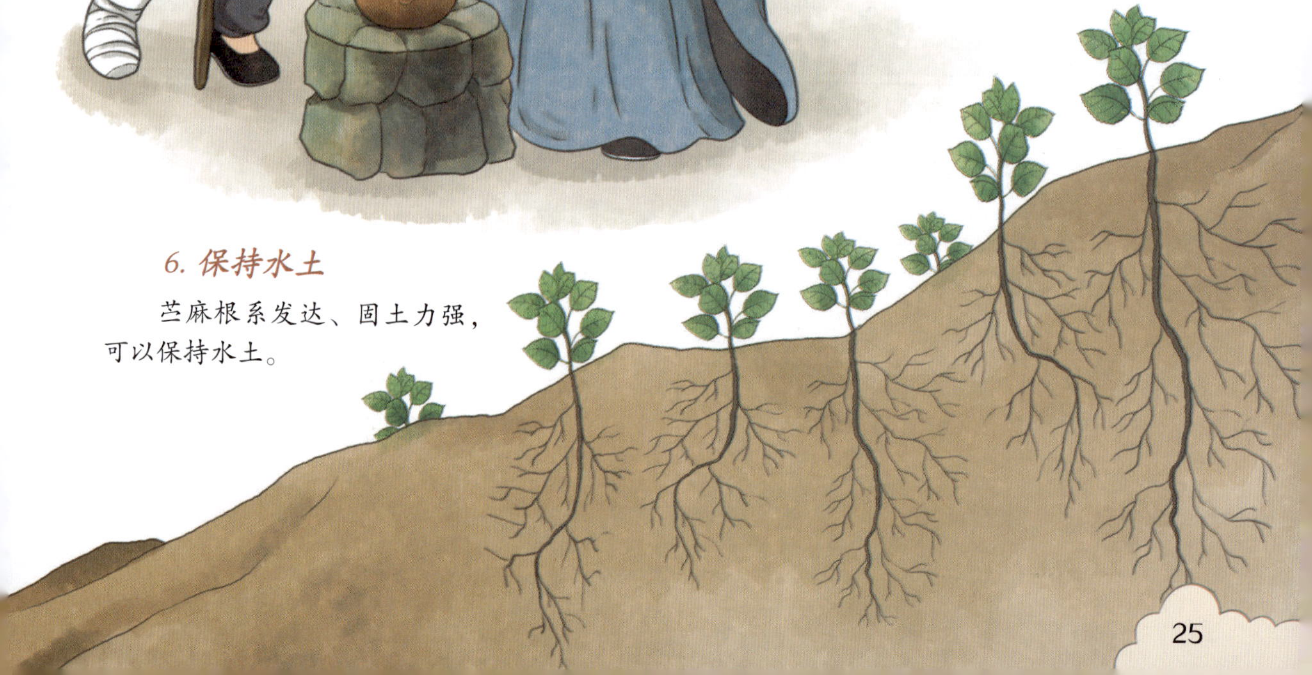

昂贵的裘（qiú）皮

在原始社会，人们就发现野兽毛皮可以御寒，便把它们披在身上，当成了最早的皮大衣。后来，随着社会的发展，裘皮却变成了达官显贵的奢侈品。

古时候，所有用兽皮制作的衣服，都称为“裘”。贵重的裘皮大多是貂皮、狐皮等制作的，而便宜的则由羊皮、麂（jǐ）皮等制成，价格相差悬殊。

貂皮大多产自东北，数量稀少。一张貂皮不到一尺见方，做一件皮衣要用六十多张貂皮，价格昂贵。据说只有纯白的狐皮裘才能与其媲美，而普通狐皮的价格只有貂皮的五分之一。

狐皮是裘皮中的珍品，质地优良，色彩繁多，自古以来深受人们喜爱。“集腋（yè）成裘”这个成语就生动地反映了其珍贵程度。

　　虎皮、豹皮的花纹最美丽，古时候将军们常把它们披在身上，威武极了。羊皮衣分为两种：贵重的羊皮衣用羔羊皮制成，只有达官显贵才穿得起；老羊皮虽然笨重，却十分便宜，很受贫苦百姓欢迎。狗皮、猪皮价格最低，常用来做靴子。

　　下面，以古老的植鞣（róu）法为例，简单介绍一下古人制作裘皮的方法。

　　首先，将杨梅皮放进锅里，煮沸后制成鞣液。晾凉之后，将其倒在毛皮没有毛的一面（称为皮板）上反复揉搓。然后将剩余鞣液洒在皮板上，迅速将毛皮折起来。注意！皮板不能露在外面，也不要让鞣液流出来哦！将毛皮放到通风的地方发酵，过几天继续揉搓，直到毛皮变得像棉布一样柔软。

　　接下来，用烟熏烤，使毛皮定型并防止腐烂生虫。

　　最后，将加工好的毛皮晾干，裘皮就做成了。

科普小贴士

　　3000多年前，中国的制裘工艺就已经出现了。商朝丞相比干是最早发明制裘工艺的人，因此他也被后人称为“中国裘皮的鼻祖”。

裘皮大衣养成记

1. 剪裁

将兽皮完整地剥下来，并将其固定在“皮绷子”（0型铁圈或其他形状的框架）上干燥，制成生皮。

2. 浸泡

用清水充分浸泡后，将生皮放在一块呈45°倾斜的木马上，用钝刮刀小心地除去上面残余的脂肪。

3. 鞣制

使用最古老的植鞣法进行鞣制，将提前准备好的鞣液倒在皮板上反复揉搓，使其完全吸收。

4. 熏烤

在架起的树干上放置毛皮，下边点燃木柴，产生烟雾熏烤兽皮，使其不易腐烂、生虫。

5. 缝制

在旧石器时代晚期，人类已经发明了骨针和骨锥，以便对毛皮进行简单加工处理，穿起来更加舒适。

6. 成衣

一件既保暖又轻柔的裘皮大衣做好了，如果你喜欢，还可以在上面绣上美丽的图案。

缸神

生活中的五彩斑斓

青、黄、赤、白、黑，是为五色。五色，源自植物、矿物，古人精心提炼，将其变成了色彩斑斓的染料和颜料，在纺织物上、画纸上、建筑上，反映着人们多彩的生活和民族辉煌的历史。

颜色的奥秘

现在，我们的衣橱里总是挂满了各式各样、五颜六色的衣服。可是，你知道吗，在古人眼中有些颜色可是十分高贵的，普通百姓要是不小心选错了，可就大难临头啦！

中国的印染技术历史悠久，新石器时期，古人就用赤铁矿粉将麻布染成红色，同时开始寻找植物制作染料。据说，当时染坊里供奉着染布缸神，称梅仙、葛仙。梅仙教人们种植蓝草，葛仙则发明了蓝草沤靛（òu diàn）染青技术。每年九月初九，各个染坊都要祭祀他们。

明清时期，印染技术逐渐成熟。当时，蓝色染料主要由蓝靛制成，莲子壳煮后可得到黑色染料，红色染料是红花做的，黄色染料则用黄栌（lú）木为原料。

商朝时，统治者崇尚白色。据史书记载，商汤执政后曾遇到大旱，他便乘着素车白马，穿着布衣，身上缠着白茅草向上天祈雨。

周朝时，人们以青色为贵，周天子就时常穿一身青衣。“青”原指蓝色，是代表东方的尊贵颜色。

秦始皇笃信“五德终始”说，认定秦朝是水德。五行中水对应黑色，因此他下令只有自己才能穿黑色，百姓只能穿白色。

汉武帝时，认为汉朝是土德（对应黄色），因此推崇黄色。宋朝时，黄袍更是成了皇权的象征，从此百姓们再也不能穿黄衣了。

明朝崇尚火德（对应红色），以红色为尊，所以明朝皇帝格外喜欢红色的衣服。

古时候，印染技术十分先进，仅染料就达700余种，为我们营造了一个五彩斑斓的世界。同时，中国还是手工印染技术最发达的国家。

科普小贴士

商朝时不仅祭天要穿白色的衣服，祭祀祖先也要用白色的牛、羊，占卜时要用白色的龟甲和兽骨，甚至在作战时，车马旌旗也多是白色的。

中国传统五色

1. 白色

白色在方位中象征着西方，五行中代表着金。在汉民族文化中，白色与死亡、丧事相联系。商代崇尚白色，即便祭祀也以白色为主。在商代遗址的考古发掘中，就出土了不少白色陶器。

身着白袍的商汤

2. 青色

青色在方位中象征着东方，五行中代表着木。在中国古代文化中有生命的含义，象征着希望、坚强、古朴和庄重。比如周朝就以青色为贵。

身着青袍的周天子

身穿黑袍的秦始皇

3. 黑色

黑色在方位中象征着北方，五行中代表着水。黑色在《周易》中被认为是天的颜色。从原始氏族社会到大秦王朝，黑色一直都是人们崇尚的颜色。黑色可谓是众色之王，是中国历史上单色崇拜最长的色系。

身披黄袍的赵匡胤

4. 黄色

黄色在方位中象征着中心，五行中代表着土。汉代以后的历代王朝，都以黄色为皇家专用色彩，平民百姓不得以赤黄为衣。

5. 红色

红色在方位中象征着南方，五行中代表着火。红色是一种鲜艳的颜色，象征着吉祥喜庆。自古以来，逢年过节、婚嫁喜事，无不以红色为主色调。

身穿红袍的朱元璋

蓝靛的由来

蓝靛是世界上最古老的染料，其历史可以追溯到公元前2000多年。从夏朝起，人们就开始用蓝靛染衣服啦！那么，蓝靛又是从哪儿来的呢？

在自然界中，有五种植物可以用来制造蓝靛，统称为蓝草。茶蓝，又称菘（sōng）蓝，只要插根就能成活，但是蓼（liǎo）蓝、马蓝、吴蓝就需要播种了。还有一种小叶的蓼蓝，也叫苋（xiàn）蓝，品质更加优良。

种植茶蓝的方法很简单，在冬天将它的叶子一片片剥下来，放进花窖制取蓝靛，剩余的茎部两头切掉，只留下根部几寸长的一段，熏干后埋进土里储存。来年春天，在地里打出斜洞，将茶蓝根茎插进去，不久就可以发芽了。

贵州地区种植蓝草并用于染色的历史十分悠久。你知道吗，菘蓝的根还可以入药呢，它就是我们熟悉的中药——板蓝根。

制作蓝靛时，茎叶多的放进窖里，少的放在桶里或缸里，用水浸泡7日，直到蓝色的汁液流出来。每石汁液加石灰5升，反复搅拌，就会结成蓝靛。放置一段时间，蓝靛便沉积下来。然后把漂在上面的浮沫捞出来晒干，就是“靛花”。放在缸里的蓝靛要先用稻灰水调匀，每天用竹棍反复搅拌，其中品质最好的叫“标缸”。

蓝靛是古代应用最广泛的植物染料。夏朝时，人们就开始用蓝草染色了。到了春秋时期，已经出现了染坊，印染技术逐渐成熟起来。如今，许多民族仍保留了这项传统，用它染过的衣服既端庄雅致又不易脱色，经久耐用。

科普小贴士

古人说“青出于蓝胜于蓝”，青指蓝靛，蓝指蓝草，是制作蓝靛植物的统称，可不是供人观赏的兰花哦！现在，人们常用它来形容学生胜过老师，与“长江后浪推前浪”意思相近。

蓝靛是怎样炼成的

1. 浸泡蓝草

将收割回来的蓝草放进蓝靛窖里浸泡7日。

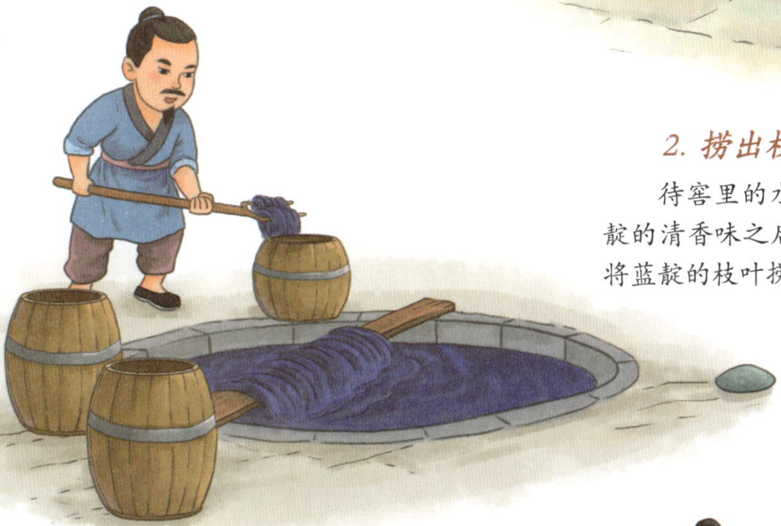

2. 捞出枝叶

待窖里的水变成蓝色，散发出蓝靛的清香味之后，用木钉耙和滤靛箩将蓝靛的枝叶捞出。

3. 加灰搅拌

将适量的细石灰粉撒进靛窖里，用木棒用力搅拌1个小时左右，直到水面浮起大量的蓝色泡沫为止。

4. 密封窖口

用芭蕉叶、稻草等将窖口密封好，以防雨水浸入。

5. 排出废水

两天后，石灰和蓝靛水化合沉淀，把靛窖上端的废水外排，留下窖底的蓝靛汁（半固态）存靛窖内晾3～5天。

6. 得到蓝靛

把膏状蓝靛汁铲入存靛缸后搬回家中备用。

7. 加水印染

染布料时，只要往蓝靛染缸里加适量的冷水和白酒稀释后即可。

红花染色

红色是自然界中最醒目的颜色，自古以来深受人们的青睐。到了隋唐时期，它甚至成了当时的流行色。而红花则是古人广泛使用的一种红色染料，人们对其推崇备至。

红花别名草红花，在2000多年前的西汉时期，它就沿着张骞出使西域的足迹来到了中国。它既耐干旱，又不惧贫瘠，易于栽培，很快就遍布全国各地。

红花通常在二月初播种，如果种得太早，就会有像黑蚂蚁一样的害虫啃食花的根部，导致红花死亡。如果土壤肥沃，红花甚至可以长到近1米高。这时就要帮它们扎起围栏，以防被风吹倒。

红花一般在夏初开花，花朵下面是长满尖刺的球状花萼。采摘红花，必须在早晨天刚蒙蒙亮时带着露水采摘。等到太阳升起来，露水蒸发完毕，花瓣就会自动闭合，这时就不能再采摘了。

红花用途广泛，除了染色，种子还可以榨油。红花籽油有“亚油酸之王”之称，能降低人体内胆固醇的含量，有效预防高血脂的发生，被称为“健康油”“营养油”。

想要用红花染色，必须先做成红花饼。

将带着露水的红花放进石臼中，捣成糊后放进清水中淘洗，然后装进布袋里去掉里面黄色的汁液，放进石臼中继续舂捣，接着用发酵的淘米水反复淘洗，再装进布袋里拧干。然后在上面盖上一层青蒿（hāo），放置一夜后，第二天将其捏成薄饼，阴干后收藏。红花饼就做好了。

印染前要先用乌梅水煎煮红花饼，再用碱水漂洗几次，颜色就会变得非常鲜艳。

科普小贴士

胭脂是中国古代妇女常用的化妆品。千百年来，它一直作为女性不可或缺的化妆佳品，甚至成为指代女性的独特“符号”。你知道吗，胭脂也是用红花做的哦！

制取红花饼

1. 摘花

摘红花最好是带着露水采摘，而且花托上有很多刺，因此采摘时要格外小心。

2. 去黄

将带着露水的红花捣碎，用水清洗，装进布袋里拧出黄汁。

3. 淘洗

将红花继续舂捣，用发酵的淘米水淘洗，进一步去除黄色素，然后装进布袋拧干。

4. 覆盖

盖上青蒿放置一晚上，可以抑制微生物，防止发霉。

5. 做饼

用手捏成薄饼，阴干收藏。

6. 染色

染色前用乌梅水煎煮红花饼，去除残留的黄色素，再用碱水漂洗几次以提取红色素。

动手做一做

自制扎染小手绢

扎染是一种很有特色的传统染色工艺，它通过将纺织物结扎起来，让某些位置不与染料接触，因而获得斑驳的图案。每一件扎染作品都有不同的纹样。下面，我们来尝试做一条扎染手绢。

器材和原料

棉质白色手绢一条

黄栀子若干颗

小锅

橡皮筋或夹子若干

实验步骤

1

将黄栀子捣碎，放入小锅中加水，并加热至沸腾，就可以得到黄色染料。

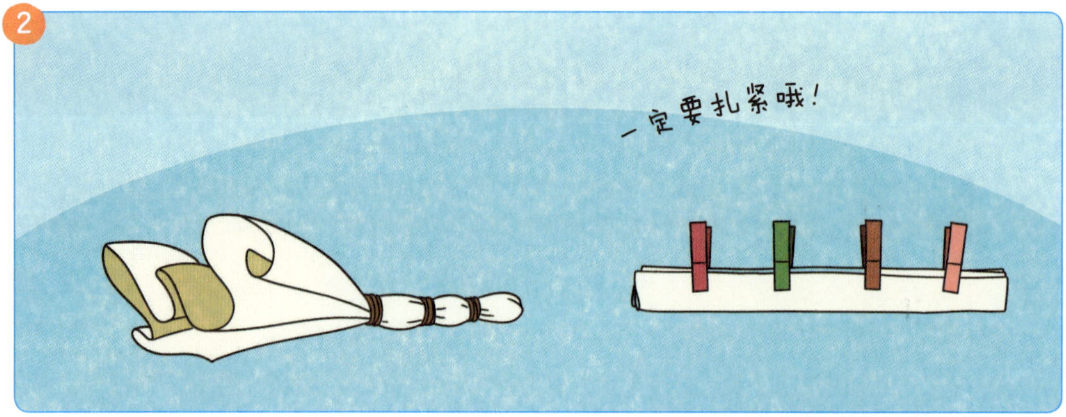

用夹子或橡皮筋，把手绢扎成自己喜欢的样子。夹子或皮筋扎紧的地方，染色后会留下白色。

将扎好的布料放入染料中浸泡20分钟。取出，在阳光下晾干。这样，一条扎染手绢就完成了。

还有哪些天然染料可以供我们制作扎染呢？小读者们可以试一试！

内 容 提 要

《天工开物里的万物科学》是一套面向5~12岁孩子编写的科普读物，共分为5册，从吃、穿、住、行、用这五个方面介绍生活中的科学，以全新的角度给孩子普及古代科技的发展以及了不起的生产制作过程，力求让孩子读得懂，读出趣味，读出反映古人劳动和智慧的科技文明，读出中国的悠久历史。全书采用半写实风格的中国风全彩插图，再现中国古代科技的精巧；用通俗有趣的语言，还原古人的生活点滴，让孩子切实感受中国古代高超的科技水平，从而让孩子爱上科技。

图书在版编目（CIP）数据

天工开物里的万物科学．五彩服饰 / 新新世纪编著．
-- 北京：航空工业出版社，2023.7
ISBN 978-7-5165-3376-5

Ⅰ．①天… Ⅱ．①新… Ⅲ．①科学知识－少儿读物
Ⅳ．① Z228.1

中国国家版本馆 CIP 数据核字（2023）第 088942 号

天工开物里的万物科学·五彩服饰
Tiangongkaiwu Lide Wanwukexue · Wucaifushi

航空工业出版社出版发行
（北京市朝阳区京顺路 5 号曙光大厦 C 座四层 100028）
发行部电话：010-85672688 010-85672689

三河市双升印务有限公司印刷　　全国各地新华书店经售
2023 年 7 月第 1 版　　2023 年 7 月第 1 次印刷
开本：615×960 1/16　　字数：60 千字
印张：3.5　　定价：158.00 元（全 5 册）

生活中的五彩斑斓

目录

丝绵麻皮装点的生活

时使用什么样的工具，并能从今天的农业和手工业生产中发现对传统技术的传承。

相信通过阅读本书，小读者会对承载着中国几千年文明的农耕文化产生兴趣，并启迪对工业化和先进生产力的认识。更重要的是，可以由此拓展小读者对传统文化的认知，提升小读者对自强不息的民族精神的理解。

让我们一起翻开这套图画书，探究古人生产的奥秘，触摸农耕文化的脉络。

前言

《天工开物》是世界上第一部关于农业、手工业技术的专门著作，由中国明代科学家宋应星编著，1637年初刊，300多年来一直影响着中国农业和手工业技术的传承和发展。

《天工开物》用文言写成，由于明清绘画和雕版印刷技术的限制，插图偏抽象，因此，这部著作与今天的小读者之间存在着很大的隔膜。为了让小读者能读、爱读这部经典而有趣的著作，我们对原著进行了精心梳理，将其记录的各种生产技术融入到一个个反映古人生产生活的故事场景中，并根据原著插图和其他文献，以图画的形式精确再现了原著中生产工具的形象和生产过程。另外，本书还设置了“科普小贴士”板块，帮助小读者了解相关的知识，增加知识储备。

本书趣味性强、情节生动、绘图精妙，贴合小读者的阅读需求。通过阅读本书，小读者可以了解古人如何进行农业和手工业劳动、当

天工开物

里的万物科学

3 五彩服饰

新新世纪◎编著

航空工业出版社
北京

天工开物

里的万物科学

5 发明与发现

新新世纪◎编著

航空工业出版社
北京

前言

《天工开物》是世界上第一部关于农业、手工业技术的专门著作，由中国明代科学家宋应星编著，1637年初刊，300多年来一直影响着中国农业和手工业技术的传承和发展。

《天工开物》用文言写成，由于明清绘画和雕版印刷技术的限制，插图偏抽象，因此，这部著作与今天的小读者之间存在着很大的隔膜。为了让小读者能读、爱读这部经典而有趣的著作，我们对原著进行了精心梳理，将其记录的各种生产技术融入到一个个反映古人生产生活的故事场景中，并根据原著插图和其他文献，以图画的形式精确再现了原著中生产工具的形象和生产过程。另外，本书还设置了“科普小贴士”板块，帮助小读者了解相关的知识，增加知识储备。

本书趣味性强、情节生动、绘图精妙，贴合小读者的阅读需求。通过阅读本书，小读者可以了解古人如何进行农业和手工业劳动、当

时使用什么样的工具，并能从今天的农业和手工业生产中发现对传统技术的传承。

相信通过阅读本书，小读者会对承载着中国几千年文明的农耕文化产生兴趣，并启迪对工业化和先进生产力的认识。更重要的是，可以由此拓展小读者对传统文化的认知，提升小读者对自强不息的民族精神的理解。

让我们一起翻开这套图画书，探究古人生产的奥秘，触摸农耕文化的脉络。

目录

人类文明前进的里程碑

人类美好愿望的承载

人类文明前进的里程碑

陶和瓷是人类较早制作和使用的、改变物质的原始状态的材料，纸张、墨让文明得以更方便地记载和更广泛地传播，舟车延伸着人们的足迹，弓弩标志着人类创造了复合工具，火药更“把骑士阶层炸得粉碎”。这些发明创造，都是人类文明前进的里程碑。

文明的曙光——陶器制造

陶器是用黏土或陶土捏制成型后烧制的器皿。现在常见的陶器，如盆、碗、罐等很久以前就已经出现啦。下面，就让我们跟随古人的脚步去了解一下大陶缸和小陶瓶的制作方法吧。

大约在2万年前的新石器时代，我们的祖先就已经学会制造陶器了。那时的陶器虽然还很粗糙，但毫无疑问，它们的广泛使用极大地改善了人们的生活。

起初，人们在篮子的表面涂上一层厚厚的黏土，经烈火烧制后，篮子被烧成了灰烬，而外面的黏土则变成了一个坚固的硬壳，陶器就这样诞生了。

在山西和浙江地区，人们常用瓶窑来烧制较小的陶器，用缸窑烧制较大的陶器。小型陶器可以直接成型，大型陶器则需要拼接而成。烧制大口的陶缸，要先用陶车分别制成上下两截泥坯，再将它们慢慢拼接起来。拼接处记得要用木槌轻轻敲打，保证接缝不会出现破损。制作小口的坛罐也要先制成上下两截泥坯，再进行拼接，然后用一个类似金刚圈的瓦圈托住内壁，再用木槌轻轻敲打外壁，这样两截泥坯就能够紧紧黏在一起了。

古时候，人们常常将瓶窑和缸窑建在一条倾斜的山坡上。最长的窑有近百米长，短的也有30多米长，大多是几十口窑连在一起，随着地势逐渐升高。这样既能避免积水，也能节约燃料。窑顶通常呈拱形，砌好后上面还要铺一层细土。窑顶每隔1.5米左右，需要开一扇透烟的小窗子。

准备烧制陶坯的时候，小的一般放在低处的窑中，大的则要放在高处的窑中。点火的时候，通常从最低处开始。当第一口窑烧好后，再烧第二口窑，直到烧完最后一口窑为止。冷却之后，陶器就烧好了。

科普小贴士

小朋友，你知道吗？陶器是人类首次在自然物的基础上创造的一种新器物，是人类社会早期最重要的发明之一，也是人类文明的里程碑，对于推动社会的进步具有划时代的意义。

陶器的妙用

1. 烹煮食物

直接改变了人类的饮食方式，推动了文明的进步。

2. 贮水器皿

人类生存的第一要务——饮水问题基本解决了，同时推动了农业灌溉的发展。

3. 贮藏粮食

早在西汉时期，人们已经开始用陶缸贮藏粮食了。

4. 祭祀先祖

兵马俑成就了秦始皇陵的千古传奇。

5. 艺术装饰

唐三彩是盛行于唐代的一种低温釉陶器，釉彩以黄、绿、白为主，堪称中国古代陶瓷烧制工艺的杰作。

6. 制作乐器

埙（xūn）是中国最古老的吹奏乐器之一，大约有7000年的历史。早在新石器时代红山文化时期，埙的演奏就广受欢迎，并一直延续至今。

靓丽的名片——瓷器制造

绚丽多彩的瓷器是中国古代一项伟大的发明。考古发现，早在商朝时已经出现了原始瓷尊。三国时，中国的制瓷工艺就十分成熟了。而随着海外贸易的发展，瓷器迅速成了一张靓丽的名片，享誉世界。

相比古老的陶器，瓷器造型精美，形制丰富，可以更好地满足人们不断增长的需求。下面，我们就一起去看一看瓷器的制造过程吧。

北宋真宗景德年间，昌南以盛产精美的白瓷闻名于世。后来当地奉命专门为皇室制造瓷器，由于瓷器底部落款均为“景德年制”，昌南便改名景德镇，从此成了闻名遐迩的“瓷都”。

制造瓷器，先要制作瓷坯。瓷坯分为两种：一种是印器，多用于制作瓶瓮等，常用模具制作；一种是圆器，多用于制作杯盘等，一般用陶车制作。

制作陶车，先要将圆木埋入地下牢牢固定，露出地面半米左右。上下各安装一个圆盘，并在圆盘中央放置一个帽盔，再用竹棍轻轻拨动，陶车就飞快地转动起来。

接着，将瓷泥放在帽盔上，轻轻转动圆盘。就这样，在工匠灵巧的指尖下，厚厚的瓷泥越来越薄，逐渐成型。随后，将它翻转过来放在帽盔上压印，晒干后再次压印，这样瓷坯会更加方正。瓷坯彻底晒干后放在帽盔上用刀反复刮削，使其更加光滑，记得要加一些水哦。下面就可以绘制图案和文字并上釉啦！

最后，就到了烧制环节。窑顶要留12个圆孔。烧制时，先从窑门开始，从下向上烘烤，约20个小时后，再从圆孔处点火烧4个小时。就这样一天一夜后，瓷器就烧好了。

科普小贴士

小朋友，你知道吗？从公元8世纪末期开始，中国的陶瓷就已走出国门，远销世界各地。因此当时的海上贸易航线被称为“陶瓷之路”，而中国也被誉为“瓷器之国”。现在中国的英文名CHINA一词，原意就是陶瓷。

国宝的摇篮——五大名窑

1. 汝窑

因窑址位于宋时河南汝州境内而得名，位居宋代“汝、官、哥、钧、定”五大名窑之首，在中国陶瓷史上素有“汝窑为魁”之称。其作品为北宋、南宋、明朝时期皇家主要代表瓷器。汝瓷色泽独特，有“玛瑙为釉古相传”的赞誉，被世人称为“似玉、非玉而胜玉”。

2. 官窑

宋代官窑由官府直接营建，分北宋官窑和南宋官窑。宋代官窑瓷器主要为素面，既无华美的雕饰，又无艳彩涂绘，最多使用凹凸直棱和弦纹（单一或若干条平行的线条）为饰。

3. 哥窑

其瓷器上的“金丝铁线”使平静的釉面产生韵律美。宋代哥窑瓷器以盘、碗、瓶、洗等为主。

4. 定窑

在今河北省保定市曲阳县的涧磁村、野北村及东燕川村、西燕川村一带，因该地区唐宋时期属定州管辖，故名定窑。以产白瓷著称。

5. 钧窑

其瓷器以其独特的釉料及烧成方法产生的神奇窑变而闻名于世。自古就有“黄金有价钧无价”之称。

文明的使者——纸的发明

上古时期是没有纸的，为了记录重大事件，人们只能结绳记事，或者用石头在岩壁上画画。可随着社会的发展，这种记录方法越来越难以满足人们的需要了。于是，造纸术便应运而生了。

在古代，纸的种类繁多，需要的原材料也各不相同。其中，用桑树皮造的纸叫皮纸，表面粗糙，常用来制作纸钱和包装纸。用竹子做的纸叫竹纸，光滑洁白，可用来书写文章、书信。此外，还有稻秆做的土纸、藤皮做的藤纸等。

下面，我们就以竹纸为例，简单介绍一下纸的制造过程。

据考古发现，在西汉早期，人们就发明了造纸术。到了东汉时期，蔡伦又进一步改进了造纸方法，使纸的质量和产量大为提高，极大推动了文化的发展。

制造竹纸前，先要挑选快要长出枝叶的嫩竹，其质地最优，通常在芒种时砍伐。然后就近挖一口池塘，灌满溪水，将竹子浸泡约100天。到时取出来，用木棒反复捶打，去掉硬壳和青皮，称作杀青。接着加入石灰浆，煮八天八夜。放置一天后，清洗干净。

然后，用柴灰水浸泡，放在锅里铺平，再铺一层稻草灰。煮沸后，把竹料倒入另一个木桶里，再用柴灰水浸泡。10多天后，将腐烂的竹料捣成泥，放进抄纸槽里。抄纸槽就像一个斗，里面灌满了水，加入纸药水，纸张会更加洁白。而纸张的厚薄，则由工匠力度的大小来控制。把抄纸帘抬起来，上面就会出现一张湿透的纸。翻过来，纸就落在了木板上。纸张到了一定数目，再像榨油那样把里面的水挤出来。

为了将纸烘干，还得建造一座烤炉。当火焰熊熊燃烧时，砖墙被烤得热乎乎的，把纸一张张贴上去，竹纸就做好了。

科普小贴士

小朋友，你知道吗？古时候西方没有造纸术，他们就在牛皮或羊皮上写字。但是，现在的羊皮纸可不是羊皮做的哦，它的主要原料是化学木浆和破布浆。

文明的演进——“纸”的变迁史

1. 殷商时期，人们把文字雕刻在龟甲和兽骨上，这就是目前已知中国最早的文字——甲骨文。

2. 商周时期的人们还会把文字浇筑或镌刻在青铜器上，这就是金文。

3. 最迟在春秋末年、战国初年，人们开始把文字写在竹片或木片上。写字用的竹片称为“竹简”，写完用皮条或绳子穿起来。写字用的木片称为“木牍”，木牍多是单片的。汉字“册”像不像穿好的竹简？

4. 帛也能够用来书写和绘画，但是它太昂贵了，只有王公贵族才能用得起。

5. 西汉时已经出现了纸张，东汉蔡伦对造纸技术的成功改进，让纸张进入人们的日常生活，从此，文化的传播更为便捷。

6. 如今，电脑、平板电脑、电纸书、手机等电子载体的使用，让人们走出书斋，在任何地方都可以阅读和写作。

文化的传承——墨的发明

墨是文房四宝之一，众多文化古籍和优美的诗歌能够流传至今，还多亏了它的功劳呢。那么，古人究竟是如何制墨的呢？我们一起去看看吧。

古时候，墨的种类很多，使用的材料也各不相同。其中，用松烟制成的墨价格低廉，使用极为广泛；而用桐油烧成的烟灰做的墨，因为成本高昂，逐渐成了达官贵人的专属。

用桐油制烟，一斤油只能收获一两多优质烟灰。一名熟练工匠最多能同时管理两百多个灯盏收集烟灰。烧制烟灰时，对于火候的要求极高。一旦操作不当，珍贵的灯油就白白浪费了。

中国的制墨技术到明代已十分成熟，其中以宣德年间出产的品质最佳。凡是松树分布广泛的地区，制墨业往往也比较发达，因此历史上以安徽的制墨名家最多。

用松木制烟灰，首先要去除松树中的油脂（松香）。聪明的工匠通常会在松树底部钻一个小孔，再用油灯慢慢烘烤，直到油脂烘干为止。如果油脂没有除净，墨的品质就会下降。接下来，就要制烟灰了。先搭一顶几十米长的拱篷，形状类似船上的雨棚，然后用草席和纸密封，一定要记得每隔一段距离留一个出烟孔哦。然后把松木锯成小段，点火燃烧。几天后松木燃尽冷却，就可以收烟灰，准备制墨了。

把制墨的烟灰放入水中浸泡一段时间，纯净的粉末会浮在水面上，稠厚的则沉入水底。加入胶搅拌均匀，凝固后用木槌反复敲打，墨就逐渐成型了。还可以在烟灰中加入珍贵的香料，或者制成后烙上金字，使墨更加精致美观。

科普小贴士

小朋友，你知道吗？直到1834年英国人史蒂芬斯才发明了现代墨水，在此之前他们一直使用碳墨水写字。它由木炭与树胶混合而成，成本高昂，时间久了也很容易褪色哦！

从蛮荒到文明——墨的发展史

1. 在新石器时代，我们的祖先就开始利用黑色装饰陶器了，其中黑陶和彩陶最为优美。

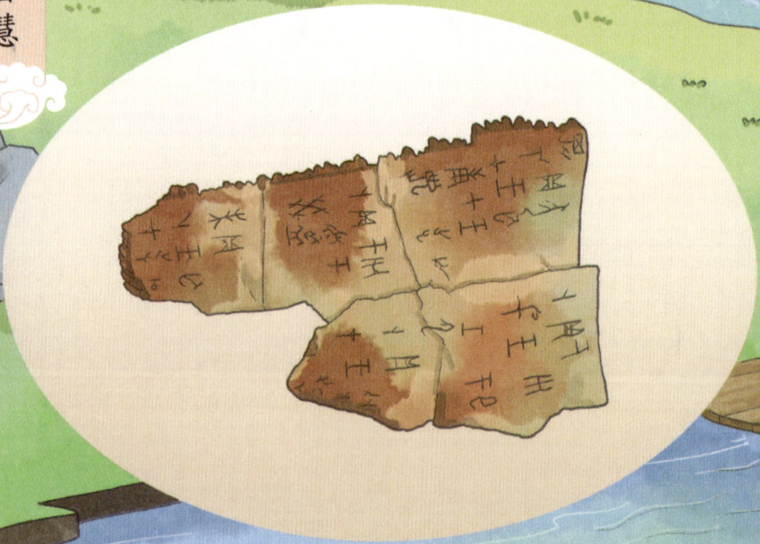

2. 从殷墟发掘的甲骨中，一些甲骨上面就有用墨书写的象形文字。

3. 在《尚书》和《仪礼》中就有了关于墨的记载。

4. 到了晋朝，人们发现墨中放入一些胶，质量有明显提高，引得人们纷纷效仿。

5. 安史之乱后，大量北方墨工纷纷南迁，导致制墨中心南移，此后徽墨雄踞天下。

6. 到了明代，墨上的图案绘刻和漆匣的装潢，都达到了顶峰，其艺术价值、经济价值和收藏价值不可估量。

7. 明清两代“集锦墨”的制成，正是中国绘画、书法、雕刻、漆器、纺织、螺钿，书画裱糊等艺术高度发达的集中表现。

驰骋江海——船舶的制造

古时候，人们常说“南船北马”，其中的“南船”指的是南方河流众多，要出门远行必须乘坐船只。船的种类五花八门，有的比楼房还要高大，有的只是一叶扁舟。让我们一起去看看吧！

西周时，人们就开始制造舫了。起初，它指并排连在一起的两条船。后来“舫”慢慢成了船的代名词。舫的速度很慢，但船身宽大，十分平稳，达官贵族颇为推崇，常常将其装饰得富丽堂皇，闲暇时就在河上泛舟游玩，因此也称作画舫。

从隋唐开始，中国的经济中心转移到了南方，而政治中心仍在北方。因此需要通过运河从南方向北方贩运粮食，供给首都和军队日常所需。这种大型运粮船就是漕船，这条航线就是漕运航线。

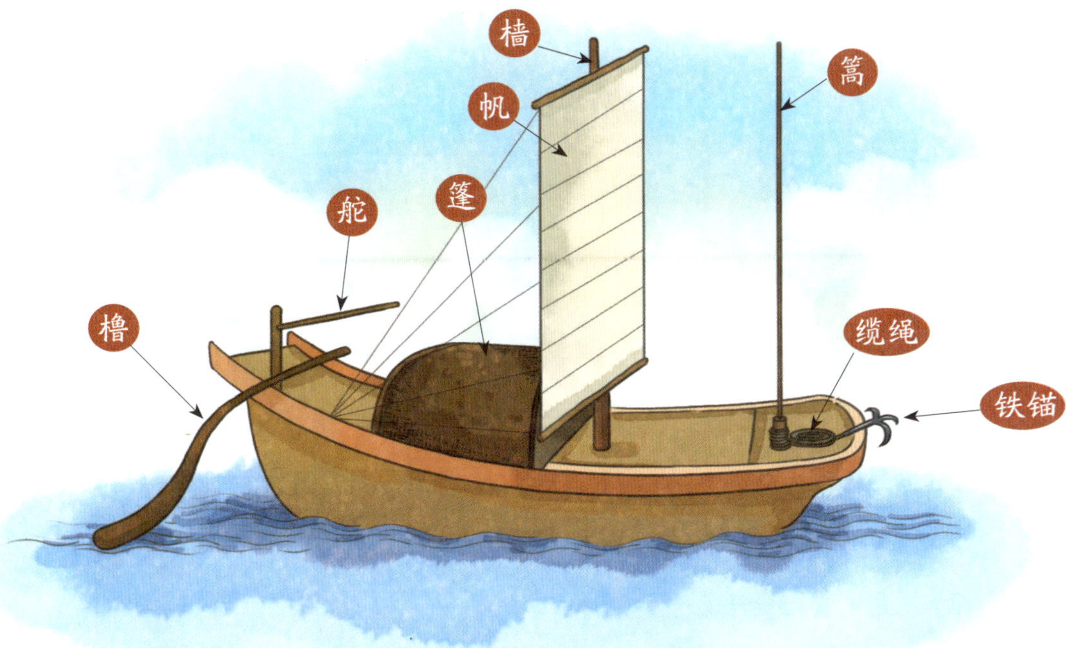

漕运大多使用平底浅船，就像房屋一样，船底近似地面，船身如同墙壁，顶棚则用阴阳竹搭建。大型漕船通常有两根桅杆，主桅有20多米。船帆用竹篾制作，航行时通过调整帆的大小控制航速。船靠岸时，要用缆绳固定在河岸上。如果停留一段时间，要将锚抛入水中，才能稳稳停下来。

当时在内河上航行的大多是小型船只，因为河道较为狭窄，大型船只通行不便，而像课船（官府用来运载税银的船）、浪船、盐船这种船身狭长、轻巧灵活的船只却如鱼得水，因此深受百姓喜欢。随着贸易发展，又出现了用于海上运输的遮洋浅船，比漕舫大得多。在海上航行必须使用罗盘辨别方向，才不会迷航。每次出海前，还要储备大量淡水供人饮用。

科普小贴士

小朋友，你知道吗？直到明朝末年中国一直是世界上造船业最发达的国家，也是海外贸易最繁荣的国家。那时候，不计其数的瓷器、丝绸和茶叶正是乘着一艘艘扬帆远航的海船，漂洋过海，走向了世界。

和平的使者——郑和下西洋

明代永乐三年至宣德八年（1405~1433年），郑和率领庞大的船队7次远航西太平洋和印度洋，访问了30多个国家和地区，最远到了红海沿岸和非洲东海岸。郑和下西洋加强了中国与西太平洋、印度洋沿岸国家和地区的交流，是中国古代规模最大、船只和海员最多、时间最久的海上航行，是世界历史上最重要的航海探险之一。

1. 郑和船队规模最大时有船只200余艘，水手、兵将、官员、医生、工匠等合计2万余人。

2. 郑和船队的旗舰是宝船。据记载，宝船“大者长四十四丈，阔一十八丈”，也就是长约140米、宽约58米。即使在今天，这也是非常大的船舶。宝船供指挥人员和随船队出行的中外使节乘坐。

纵横九州——车辆的诞生

南方水网密布，人们大多将船作为交通工具。而在北方，特别是平原地区，人们普遍使用车辆代步。而且，它还是狩猎和作战时必不可少的利器。下面，就让我们去了解一下吧。

车是人类一项极为重要的发明，早在商朝时，聪明的工匠们便制造了两轮马车。到春秋战国时期，北方地区无论出行还是战争都离不开车辆。那些强大的诸侯国为了显示国力，总是自夸“千乘之国”，或者“万乘之君”。在这里，“乘”指的便是战车，而“千”“万”指的是拥有战车的数量极多。

指南车，又称司南车，是中国古代用来指示方向的一种车辆。与指南针的原理不同，它利用齿轮传动来指示方向。后来，指南车也时常作为帝王的仪仗车辆来使用。

马车既有四轮的，也有两轮的。四轮马车的前轮和后轮分别有一根横轴，在轴上竖立的短柱上方架着纵梁，承载着车厢的重量，保证车辆平稳运行。即使把马卸下来，车厢也很平稳，就像一栋小房子一样。双轮马车却无法做到这一点，停车时要用短木将车的前部撑起来，不然车身就会向前倾倒。

车轮由轴承、辐条、内缘、轮圈组成。造车的木料，一般长的做车轴，短的则做轴承。使用的材料，以枣木等坚硬的木材最佳。其他部件，就没有什么特殊要求了。

为了使用方便，人们还发明了独轮车，因为结构简单、轻便灵活，全国各地都有使用。通常一个人就可以推着在坎坷不平的山间小路上行驶。另外，独轮车不需要牛马拉车，价格低廉，因此深受人们欢迎。

科普小贴士

小朋友，你知道吗？中国象棋里的“车”，最初指的是四匹马拉的战车。它通常由两名驭手驾驶，在战场上纵横驰骋数千年，堪称冷兵器时代最强大的战争武器。

历史上那些稀奇古怪的“车”

1. 记里鼓车

与指南车类似，记里鼓车中有一套复杂的机械装置，与轮轴相连。车辆每前进一定距离，轮轴通过机械装置带动车上的木人击鼓，以告知人们行进的里程。

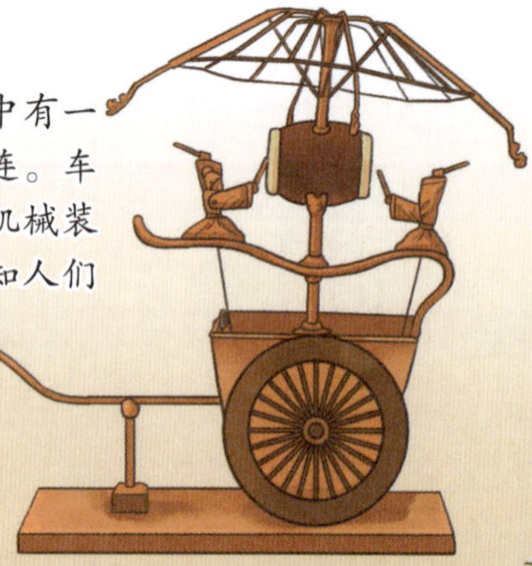

2. 天子驾六

据史料记载，“天子驾六，诸侯驾五，卿驾四，大夫三，士二，庶人一”，反映了古代严格的礼制。图中这件文物2002年出土于河南洛阳，真实反映了东周中期周天子的车马规格。

3. 楼车

楼车是一种攻城器具，上设望楼，士兵可以登上楼车，察看城内或远方的情况。

4. 太平车

太平车是从远古时期留传下来的运输工具，有独轮、四轮等多种样式，适合在平原地区使用。一直到20世纪后半叶，农业机械化完全实现之前，在农村地区还可以看到太平车的身影。

5. 冲车

又叫“撞车”，上设沉重的撞木，撞木头部有铁包裹，用以撞开城门等障碍物，是攻城的利器。

6. 塞门刀车

这种车辆既可以用来进攻，也可以用来防守。万一城墙或营寨围墙被破坏，防守一方就用塞门刀车塞住缺口，阻挡敌人的进攻。

长空鸣镝（dí）——弓弩的制造

进入文明时代后，在近八千年的时间里，弓弩都是最重要的远射兵器。它们射程远、威力大，深受人们喜爱，而“后羿射日”的故事也一直流传至今。下面，就让我们去了解一下弓弩的制造方法吧。

在冷兵器时代，弓弩是人类最信赖的远射武器，除了用于狩猎，因威力强劲、携带方便，诞生之初就广泛应用于战争。

弓用竹片和牛角做骨干，也能用柔韧的木料代替。竹片两端与桑木连接。桑木末端刻上缺口，将弓弦套紧。牛角贴在竹片上，以增加强度。弓做好后要挂在屋梁上，用火烘烤至少10天。为防止受潮，要按时保养，否则弓的寿命会明显降低。

弓做好后，用脚踩住弓弦两端，将秤钩钩住弓的中间向上拉，弦拉满时，把秤锤称平，就可以确定弓力大小了。

箭由箭镞（zú）、箭杆和箭羽组成。最初箭镞由竹木制成，陆续出现了石质、青铜和铁质箭镞。形状也不尽相同，有桃叶枪尖、平头铁铲及三棱锥形等。箭杆大多是由竹、柳木或桦木制成。制作竹箭时，先砍三四条竹子用胶粘合，再用刮刀削圆，最后用漆丝缠紧两端，箭杆就做好了。用柳木或桦木做箭杆，只要简单加工就行了。箭能否准确命中目标，关键在箭羽。箭羽由三根翎羽组成，像三只鼎脚立在箭尾。

弩是重要的防御兵器，从弓发展而来，由弩弓、弩臂和弩机等组成。弩机多为铜制；弩臂用木材制成，前部有一个孔，将弓固定在其中。弩臂正面放置箭镞，可保证箭射出后沿直线飞行。

科普小贴士

小朋友，你知道诸葛连弩吗？

诸葛连弩是三国时期蜀国丞相诸葛亮发明的一种连发兵器，一次能射出十支箭，威力强大，主要用来守卫城池和营塞，被誉为“古代战场上的冲锋枪”。

千奇百怪的“弩”

十字弓

十字弓是弩的别称，主要由弩臂、弩弓、弓弦和弩机等部分组成。它的射程和杀伤力都远远大于弓箭。

诸葛连弩

据传说诸葛连弩是三国时期诸葛亮发明的，一次能发射多只箭。因体积较大，单兵无法使用，需要固定的支架，因此常作为防守器具使用。

巨型床弩

将一张或多张弓安装在床架上，由多人转动绞车操纵，射程更远，威力更大。

抛石机

抛石机出现于战国时期，可以利用配重物的重力，将石块、弹丸等抛射到远方。

骑士的噩梦——火药的制造

火药是中国古代四大发明之一，早在唐朝时就已经出现啦！让我们一起去了解一下火药的历史吧！

火药，又被称为黑火药。它的主要成分是硝石、硫黄和木炭，都是古时候中医常用的药物。因为火药中含有大量木炭，而木炭的颜色通常都是黑漆漆的，所以火药看起来也都是黑乎乎的。

其实，火药的发明只是一个意外。据传说，有一次，药王孙思邈（miǎo）在炼制丹药时，偶然将硝石、木炭和硫黄一起放在鼎中加热，没想到竟然发生了猛烈的爆炸。后来经过反复试验，他发现将它们按照一定的比例进行调配，就可以制成能够爆炸的“火药”。火药就这样诞生了。

火药问世之初，因为它既不能使人长生不老，又很容易发生爆炸，因此炼丹家们很快就冷落了它。但是，火药燃烧时会产生大量烟雾、火光，并伴随巨大的声响，这引起了人们的兴趣，很快将其用于节日庆典的娱乐表演活动中。爆竹、烟火，以及烟火杂技和幻术表演等，都离不开它。

直到唐朝末年，火药终于引起了人们的重视，开始大量用于军事领域，成为一种威力巨大的防御性武器，主要用于守卫城池和重要的关隘等。到了明朝，火器的发展达到鼎盛。当时火器种类繁多，形式多样，有地雷、水雷、鸟铳（chòng）等。当时还组建了“神机营”，以铜火铳为主要装备，是世界上最早的炮兵部队。

科普小贴士

小朋友，你知道火药是怎么传到欧洲的吗？

公元十三世纪，随着蒙古军队大举西征，中国的火器也传到了阿拉伯地区，后来又由阿拉伯人带到了欧洲。从此，欧洲由冷兵器时代逐渐过渡到火器时代，骑士阶层也随之没落了。

骑士的噩梦——形形色色的火器

万人敌

守城用的大型燃烧弹，发明于明朝末期，有几十斤重，为泥质外壳，周围留有喷火的小孔。使用时点燃引信，从城上投下。弹丸立即四面喷火，杀伤敌人。

混江龙

一种触发水雷，出现不晚于宋代。雷体用防水的皮囊包裹，内有火镰和火石。船只触动机关，火镰下坠与火石摩擦，点燃火药引发爆炸，以此炸毁敌船。

鸟铳

明清时期对火绳枪的称呼。这是一种前装枪，需要点燃火绳来引燃火药，进而发射，因此得名。

突火枪

火枪和火炮的前身，以大竹筒为枪身。内装火药和弹丸，用引线引燃火药，火药燃烧的气体将弹丸推出，射程可达百余步。

连珠炮

发明于明代，可以一次发射多枚弹丸，与今日之霰（xiàn）弹枪类似。

人类美好愿望的承载

人们常用“珠圆玉润”形容歌声婉转优美或文字流畅明快。光亮的珍珠、温润的宝玉，曾经是贵族的专属，如今作为人们的良好愿望的载体，走进寻常百姓家，装点着人们的生活。

自然的珍宝——深海采珠

在神话传说中，当美人鱼伤心流泪时，她的眼泪就会变成一颗颗晶莹剔透的珍珠，是十分珍贵的宝物。这是真的吗？别着急，让我们一起去了解一下吧！

珍珠通常分为淡水珍珠和海水珍珠两种。淡水珍珠产于内河，品质远不及海水珍珠。因此自古以来，海水珍珠颇受人们青睐，价值也最高，其中又以南珠最珍贵。

古时候，人们为了得到珍珠，不顾危险潜入海底采集。采珠船比其他船只要更宽更圆一点，船上还有很多草垫子。一旦遇到旋涡，人们就把草垫子扔出去，据说可以保佑平安。

广西合浦盛产南珠，它晶莹洁白，硕大浑圆，是世界上最名贵的珍珠。其中最著名的，就是夜明珠了，传说在漆黑的夜晚甚至可以照亮蝇头小字呢。

现在地质学家推测，夜明珠是萤石的可能性比较大。

通常，下海之前，采珠人要先在腰间绑一根长长的绳子，并准备好采珠工具。为了保证呼吸，还要将一根锡制的弯管紧紧罩在脸上，并用带子固定，另一端则要伸出海面。一旦灌入海水，采珠人就有生命危险。

如果遇到险情或完成工作，就要使劲摇晃绳子，船上的人们就会马上把他拉上来。这时，采珠人已经被冻得瑟瑟发抖，由此要立即用热毛毯将其裹住。

后来，人们发明了一种新的工具。在一架巨型钉耙周围罩一圈麻绳编成的网兜，并在两边挂上石头，在网的底部则横放一根木棍封住网口，将网用缆绳绑在船尾。当船向前行驶时，海底的贝类就被收入网中了。后来，随着贝类越来越少，人们慢慢学会了人工养殖珍珠。

科普小贴士

小朋友，你知道吗？珍珠的形成其实个美丽的意外。当有砂粒等异物入侵时，贝类觉得硌得难受，可又没办法排出来，便分泌大量珍珠质把异物层层包裹起来，逐渐形成了珍珠。

“人造”珍宝——珍珠是怎样养殖的

1. 分切外套膜

先选择一个健康的珍珠贝，剪下一条外套膜切成小块，有多少块就能培育出多少颗珍珠哦！

2. 人工植核

把要育珠的珍珠贝撬开，在它的外套膜部分切开一个小口，先塞入切好的小块，再放入圆溜溜的珠核。

3. 入海养殖

为了方便管理，植核完毕的珍珠贝会被挨个编排好，放进透水的网兜里，或者一个个钻孔后用线串起来，都是为了将来回收更方便，一提就能提一摞。之后将珍珠贝挂在方便移动的竹筏上，放回到温暖的大海中，静养 2~3 年。

4. 定期养护

养殖期间要定期捞起珍珠贝，清理掉外壳上生长的藤壶和苔藓等附着物，防止这些生物抢夺该水域的养分，影响到珍珠贝的生长。

5. 收获珍珠

珍珠贝成熟之后，就到了收获的季节。

顽石蕴琼琚（jū）——玉的开采

古人常说“玉不琢，不成器”，你知道吗？中国人制作玉器的历史已经有8000多年了。那么，人们是如何发现玉石？又是如何琢磨玉器的呢？让我们一起去了解一下吧。

玉大多藏在粗糙的石头里，它们不会埋在泥土里，而是躲在湍急的溪流中。因为水流太急，所以人们不会到原产地去开采。等到夏天水位暴涨时，玉石就会被流水冲到下游很远的河滩上，这时就可以采玉了。人们常常在秋天月明之夜，在河边耐心地寻找，玉石越多的地方也就越明亮。

玉是一个十分庞大的家族，据《山海经》记载，上古时候中国的玉产地就有一百多处。在远古时代，它们与铜鼎、铜镜一起，构成了早期华夏民族器物神话的三大支柱。

玉石顺流而下，与大大小小的岩石一起搁浅在河滩上，只有经过仔细辨认，才能找到它们。下面，就要开始剖玉了。可是，要把玉完好无损地剖出来并不是一件容易的事，得慢慢打磨才行。

剖玉时，先做一个铁圆盘，再将绳子缠在横穿圆盘的棍子上，绳子两端分别连接一个踏板。然后，将水和细沙放进盆子里，轻轻踩下踏板，圆盘便飞快地转动起来。接着，不断添入细沙。就这样，一块光滑洁净的美玉就呈现在我们面前了。剖玉所用的细沙，并不是普通的河沙，而是从泉水中筛选出来的，就像精细的面粉一样，不会对玉造成磨损。

玉石剖开后，再由技术熟练的工匠用镔（bīn）铁刀，运用精妙的技艺，将其雕琢成各种各样精美的玉器

科普小贴士

小朋友，你知道吗？玉是中国传统文化不可或缺的一部分，深刻影响了古人的观念。人们用“宁为玉碎”宣扬坚毅的气节，“以化干戈为玉帛”倡导团结之风，借“温润如玉”形容谦谦君子。

美玉无瑕——玉的妙用

1. 生产工具

玉器诞生之初，曾作为生产工具使用。大汶口遗址等新石器时代遗址中均出土过玉制的凿、斧等生产工具。

2. 祭器

古人还用玉器祭祀天地和祖先。这一祭祀制度也为历代承袭。

3. 装饰品

目前已知最早的玉质装饰是在距今约7000年的浙江余姚河姆渡遗址出土的璜（huáng）、管、珠、坠等。

4. 权力的象征

古时候，大臣们上朝时常常手持玉圭，而皇帝的玉玺也是用玉雕琢而成的。

5. 殓葬

人们还大量使用玉作为陪葬品，金缕玉衣就是其中的最典型的代表。

6. 吉祥物

人们为了祈求吉祥，往往通过在玉上刻画吉祥语或图案体现出来。如汉双龙“长乐”谷纹璧，就是以吉祥语“长乐”和吉祥图案双龙加以表现的。

动手做一做

制作纸浆画

造纸离不开纸浆，纸浆也是我们制作小工艺品的常用原料，下边我们就尝试制作一幅纸浆画。

实验材料

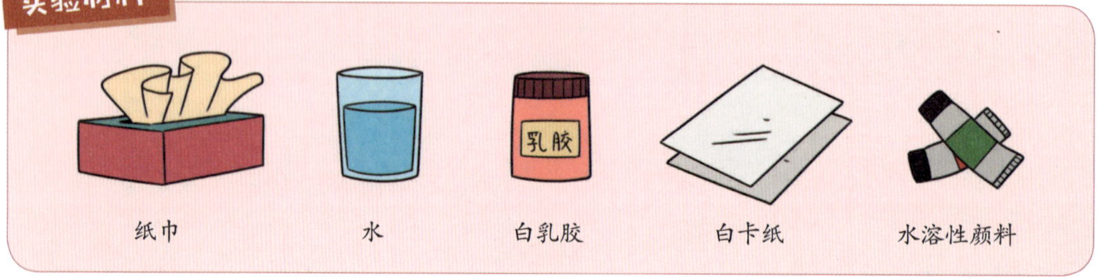

制作步骤

把纸巾撕碎，撕得越碎越好。

在碎纸中加入水变成纸浆。

在纸浆中加入颜料。

在纸浆中加入白乳胶。

在纸盘子或白卡纸上根据创意，用彩色纸浆画出自己喜欢的图案，自然晾干即可。纸浆最后不用抹平，保持其原有的立体感。

内 容 提 要

《天工开物里的万物科学》是一套面向5~12岁孩子编写的科普读物，共分为5册，从吃、穿、住、行、用这五个方面介绍生活中的科学，以全新的角度给孩子普及古代科技的发展以及了不起的生产制作过程，力求让孩子读得懂，读出趣味，读出反映古人劳动和智慧的科技文明，读出中国的悠久历史。全书采用半写实风格的中国风全彩插图，再现中国古代科技的精巧；用通俗有趣的语言，还原古人的生活点滴，让孩子切实感受中国古代高超的科技水平，从而让孩子爱上科技。

图书在版编目（CIP）数据

天工开物里的万物科学 . 发明与发现 / 新新世纪编著 . -- 北京 : 航空工业出版社 , 2023.7
ISBN 978-7-5165-3376-5

Ⅰ. ①天… Ⅱ. ①新… Ⅲ. ①科学知识－少儿读物 Ⅳ. ① Z228.1

中国国家版本馆 CIP 数据核字 (2023) 第 088932 号

天工开物里的万物科学·发明与发现
Tiangongkaiwu Lide Wanwukexue · Faming Yu Faxian

航空工业出版社出版发行
（北京市朝阳区京顺路 5 号曙光大厦 C 座四层 100028）
发行部电话：010-85672688 010-85672689

三河市双升印务有限公司印刷 全国各地新华书店经售
2023 年 7 月第 1 版 2023 年 7 月第 1 次印刷
开本：615×960 1/16 字数：60 千字
印张：3.5 定价：158.00 元（全 5 册）

天工开物

里的万物科学

4 奇妙五金

新新世纪◎编著

航空工业出版社
北京

前言

《天工开物》是世界上第一部关于农业、手工业技术的专门著作，由中国明代科学家宋应星编著，1637年初刊，300多年来一直影响着中国农业和手工业技术的传承和发展。

《天工开物》用文言写成，由于明清绘画和雕版印刷技术的限制，插图偏抽象，因此，这部著作与今天的小读者之间存在着很大的隔膜。为了让小读者能读、爱读这部经典而有趣的著作，我们对原著进行了精心梳理，将其记录的各种生产技术融入到一个个反映古人生产生活的故事场景中，并根据原著插图和其他文献，以图画的形式精确再现了原著中生产工具的形象和生产过程。另外，本书还设置了“科普小贴士”板块，帮助小读者了解相关的知识，增加知识储备。

本书趣味性强、情节生动、绘图精妙，贴合小读者的阅读需求。通过阅读本书，小读者可以了解古人如何进行农业和手工业劳动、当

时使用什么样的工具，并能从今天的农业和手工业生产中发现对传统技术的传承。

相信通过阅读本书，小读者会对承载着中国几千年文明的农耕文化产生兴趣，并启迪对工业化和先进生产力的认识。更重要的是，可以由此拓展小读者对传统文化的认知，提升小读者对自强不息的民族精神的理解。

让我们一起翻开这套图画书，探究古人生产的奥秘，触摸农耕文化的脉络。

目录

铜铁炉中翻火焰——从历史走来的五金

黑白分明——石灰与煤炭

铜铁炉中翻火焰
——从历史走来的五金

青铜的使用，让人类逐步告别了石器时代；铁制工具的广泛使用，推进了农业社会的发展。金银铜铁锡，是为五金。开发和利用五金的历史，就是人类社会的进步史。

五金之长——黄金

从古至今，黄金都是极为珍贵的金属。它的储量十分稀少，往往隐藏在深山峡谷之中，获取和冶炼困难。那么，古人是如何开采金矿的呢？

在自然界中，黄金一般是以游离状态存在的，通常分为砂金和矿金两种。

其中，岩石里出产的黄金，个头较大的叫马蹄金，小的叫瓜子金；河流中出产的黄金，大的叫狗头金，小一点的则叫麸（fū）麦金、糠金。这些金矿，都要经过反复淘洗后，再进行熔解、冶炼、提纯，才能制成整块的黄金，因此也被称为生金。

中国出产黄金的地方有100多处，大部分位于西南地区的崇山峻岭中。而深藏在江河里的砂金，则大多产自云南的金沙江。但这些地方历经多年的开采之后，出产的黄金已经越来越少了。

黄金是五金中密度最大的金属，它的密度远远大于银和铜，而且质地非常柔软，甚至能够像柳枝那样随意弯折。在冶炼过程中，古人还发现，黄金会因为纯度不同，而呈现出不同的颜色：青色的含金大约七成，黄色的含金约八成，紫色的含金约九成，而变成赤色后就可以称为纯金了。

到了汉代，黄金的开采和冶炼技术已经有了巨大的进步，左图中的马蹄金便来自汉代，经测定含金量高达98%。

古人在深山中采金十分辛苦，往往要挖掘30多米才能找到伴金石（与金相伴生的矿石），然后才有可能发现黄金。

自古以来，黄金因为其华美的色泽备受推崇。为了彰显尊贵的身份，人们常常把黄金打制成金箔，用来装饰纸笺、折扇等日常用品。

黄金的延展性很好，由黄金打制的金箔极其轻薄，但依然能够保持黄金独有的华丽光泽。有时工匠们也会把金箔贴在家具上，而描金大多用于家具、漆器及瓷器的装饰。

那么，如果主人并不十分富有，又渴望模仿类似黄金的效果，怎么办呢？据传说，杭州的一种扇子原本是由银箔制成的，只要在表面涂上一层红花籽油，然后放在火上烘烤，银箔立刻就会变成赤金色。时间久了逐渐褪色，就再拿到火上烘烤一番，便可以恢复如初了。

贴金扇面

科普小贴士

小朋友，你知道真金为什么不怕火炼吗？

黄金的熔点虽然不高，但性质十分稳定，很难与其他物质发生化学反应，即使熔化了也不会氧化变色，冷却后仍旧金光闪闪的。

金箔是怎样制成的

1. 黄金配比

在黄金中加入一定比例的银等金属，使其符合需要的含金量。

2. 化金条

将配比好的黄金放入坩埚（gān guō），通过高温熔化成金水，将金水倒入度量铁槽内冷却，使其成为金条。

3. 拍叶

将厚金条通过人工捶打成薄金带后，裁剪成薄如纸张的金叶子。

4. 做捻子

将金叶子裁剪成1厘米见方的小金叶子，也就是金捻子。

5. 落金开子

将10厘米见方乌金纸放入恒温箱进行加热，这样下一道工序中装上金捻子后能使黄金快速延展。

6. 粘金捻子

将金捻子分别用指尖粘着放入10厘米见方的乌金纸包内。

7. 打金开子

已在10厘米见方的乌金纸包内被打开的金捻子叫“金开子”，需要继续捶打成箔。

8. 装开子

将“金开子”小心翼翼地用鹅毛趁用口吹气时挑起放入20厘米见方的乌金纸包内（俗称家生），此道工序叫装开子。

9. 炕家生

将“家生”纸放入80℃的烤床上加温一个半小时左右，这样金箔就不会粘到乌金纸上了。

10. 打了细

将“家生”纸继续锤打，直至不能再薄再细的程度，这是关键工序。

11. 出具

将乌金纸包内的金箔再用鹅毛挑入到特制的纸上。

12. 切金箔

将金箔用竹刀切割成规则的形状。

流通货币——白银

在新石器时代晚期，中国劳动人民已经发现了银矿，并且开始采集、冶炼白银，然后加工成各种精美的饰物。到了春秋战国时期，已经出现了最早的银币。

自春秋战国以来，白银作为主要的贵金属之一，慢慢进入人们的生活，成了当时的主要货币之一。

在中国古代，白银储量最丰富的地方是云南。凡是埋藏着银矿石的地方，上面一定会出现一堆堆微带褐色的石头，而采矿人常常要挖掘几十米深才能找到银矿石。银矿通常会分成很多条支脉，就像树枝一样在地层中蔓延伸展。所以寻找银矿脉时常要分几路挖掘，当挖到的土里混杂着黄色的碎石时，那么离银矿脉就很近了。

根据品质的优劣，银矿石分成不同的等级，等级越高，炼出的白银就越多。炼银的炉子是用土筑成的，炉底铺着碎瓷片和炭灰，炉旁还砌了一道砖墙用来隔热，风箱则装在墙的另一边。通常由两三个人共同操作，很快，炉里的银矿石就会熔化成一团，但是还不是纯净的白银，里面还含有一些铅。

银矿石冷却后，取出来放入分金炉，透过一个小火门控制火候。用风箱不断增大火力，不久银矿石再次熔化，铅慢慢沉到炉底。继续冶炼，铅变成气体消散后，白银就冶炼成功了。

科普小贴士

墨西哥素有“白银王国”之称。早在哥伦布发现美洲大陆之前，勤劳的印第安人已经在那里开采白银了。明清时期，深受人们喜爱的“鹰洋”就是用墨西哥白银制造的。

亮闪闪的白银是怎么来的

1. 深山寻银

在可能有银矿的地方挖掘几十米深，如果发现土里混杂着黄色的碎石时，就距离银矿的矿脉不远了。

2. 筛选淘洗

银矿石入炉冶炼前，要先拣选，并淘洗干净。

3. 熔炉冶炼

熔炉由土筑成，炉底铺碎瓷片和炭灰，炉旁砌了一道砖墙用来隔热，风箱安装在砖墙的另一侧。冶炼时，要不停地用风箱鼓风，需要两三人轮流操作。

4. 沉铅得银

矿石在熔炉中冶炼完毕，冷却后，投入分金炉中加热，待再次熔化，铅就会沉到炉底。

5. 分金提纯

继续加热，已经沉到炉底的铅会变成气体消散，这样就得到纯净白银了。

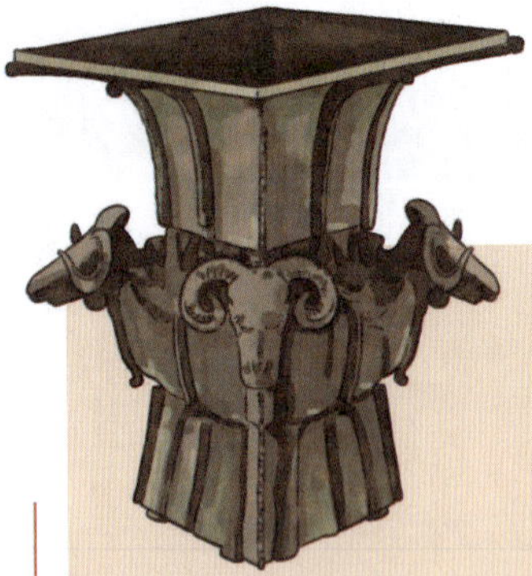

自然的馈赠——红铜

红铜是人类最早发现的金属之一，也被称为自然铜。你知道吗，在4000多年前的夏朝，我们的祖先就早已使用铜制造精美的铜器了。

古时候，人们最早使用的铜是直接从自然界中开采的红铜，也叫自然铜。红铜不用冶炼，就可以制成铜器。如果将它和炉甘石或锌一起冶炼，就会变成黄铜；加入砒霜等药物，就会炼成白铜；加入明矾和硝石等可制成青铜；加入锡可得到响铜；加入锌可炼制铸铜。

铜矿分布十分广泛，据《山海经》记载，全国铜矿产地共有467处。

1997年，在美国密歇根州的森林里，科学家们发现了一块巨大的自然铜，重达26吨，是已知世界上最大的自然铜。

铜矿山总是夹土带石，要挖几丈深才能找到矿石。而且，铜矿石外面还常常包着一层岩石。它们的形状很像生姜，表面有些铜斑点，叫铜璞（pú）。铜矿石中的铜砂大小、形状和光泽各不相同，冶炼之前，要先把铜砂淘洗干净，再送入炉中。

有的铜矿石中只含有铜，稍加熔炼就可以了。有的却含有铅，因此冶炼时要在炉旁留一高一低两个小孔。这样，先熔化的铅就会从上面的小孔流出来，后熔化的铜则从下面的小孔流出来。

想得到黄铜，需要将100斤自风煤放进炉中燃烧，然后在一个泥瓦罐里放入10斤红铜、6斤炉甘石，把其放入炉内，自然熔化。因为炉甘石挥发严重，后来就用锌代替。红铜和锌的比例为6:4，先后放入罐中熔化，冷却后就能得到黄铜，可以打造各种器物。

科普小贴士

制造乐器需要使用响铜，通常把不含铅的锡放进罐罐中与铜一起熔化。制造锣、鼓等乐器，一般用8斤红铜加2斤锡；而锤制铙（náo）、钹（bó）等乐器，使用的铜、锡则要进一步精炼。

金属宝石——云南斑铜的制作

1. 筛选

制作斑铜器皿要用上好的生铜（自然铜），选出自然铜中的精华，把其中的石头、碴（chá）子等用凿子剔除。

2. 锻打

在砧子上，用铁棒和锤等工具把自然铜反复锻打，使其柔软变成团状，再打制成器皿的初坯。

3. 烧斑

烧斑尤为重要。用上好的栎炭将工件埋入其中，然后自然烧炼，通风、升温时间有严格的要求。

4. 修形

经过初次烧斑后，把坯放在砧子上，用锤子等工具进行锻打整形。需要经过数十次反复烧斑、锻打整形的过程，实际是精加工的过程。

5. 显斑

先用祖传的药水进行煮斑处理，再提斑作色。

6. 打磨

用碳粉对器物内外进行打磨处理，最后把黑灰洗去。

用途广泛——钢铁

铁是人类发现最早、应用最广泛、使用量最大的金属之一，在商朝时人们就学会了制造铁制兵器。那么，铁究竟是怎样炼成的呢？

自然界中没有纯铁，在远古时期，冶炼技术也不发达，所以来自太空的陨铁自然就成了人们制造铁器的主要来源。

中国铁矿产地众多，埋藏也较浅，以平原和丘陵地区产量最大。铁矿种类很多，其中“土锭铁”常露在地面上，看起来就像黑色的秤砣，用手一捏却成了碎土。如果想要冶炼，就得先把它们收集起来。下雨时，也可以用牛翻耕土地，然后把泥土中的铁矿石捡起来。还有一种“砂铁”，挖开土层就能找到，但杂质较多，淘洗之后才能冶炼。

铁分为生铁和熟铁。其中已经出炉但没有炒过的是生铁，炒过后则是熟铁。把生铁和熟铁混合熔炼后就得到了钢。

炼铁炉是用掺了盐的泥土砌成的，大多建在矿山附近。一座炼铁炉可以装二千多斤铁矿石，以硬木柴、煤或木炭做燃料。

炼铁的风箱通常几个人一起操作。铁矿石熔化后，铁水就从炼铁炉腰孔中流出来。然后用叉拨泥把孔塞住，继续熔炼。

如果要冶炼生铁，就将铁水注入条形或圆形的铸模里。如果要冶炼熟铁，就让铁水流进稍远的方塘里，周围砌上矮墙。一人把准备好的泥粉迅速撒在铁水上面，其他人则用柳木棍连续搅拌，很快铁水就炒成熟铁了。

科普小贴士

小朋友，你知道生铁和熟铁有什么不同吗？

生铁和熟铁主要是含碳量不同。生铁含碳量大于2%，而熟铁小于0.1%。因此生铁更加坚硬耐磨，主要用来炼钢；而熟铁更加柔软，延展性好，可以制造各种器具。

铁的进化——百炼成钢

1. 熔炼

先将熟铁打成薄片，然后将其包扎紧，将生铁放在扎紧的熟铁片上面。再用破草鞋（用粘带有泥土的，不致很快烧毁）覆盖在最上面，铁片下面涂以泥浆，入炉冶炼。

2. 搅拌

再放入熔炉内鼓风，火力到时生铁先化成铁水，渗淋到熟铁之中。加以搅拌，使生铁熟铁二者相互结合。

3. 锻打

自炉中取出反复锤打。这样得到的产物，俗称“团钢”，也叫作“灌钢”，也就是今天所说的渗碳钢。

4. 塑形

将钢坯加热，趁热锻打成需要的形状。

5. 淬火

工件加热到一定温度后，再用水、油使其急速冷却，并让工件表面硬化，这样可以提高工件的硬度。

6. 打磨

工件经过打磨刃口、表面抛光后，一柄宝剑就制作完成了。

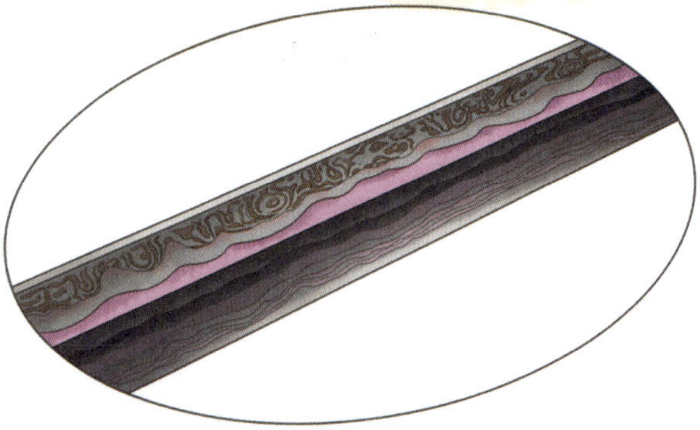

奇妙金属——锡铅锌

锡、铅、锌用途广泛，看起来也很相似，因此很容易混淆。古时候，锡和铅被称为“青金”，锌则是制造黄铜的重要原料。下面，就让我们一起去认识一下它们吧！

锡

根据产地不同，锡矿可以分为山锡和水锡两种。

冶炼锡矿要使用洪炉，每炉可以放几百斤锡矿砂和几百斤木炭。随着温度慢慢升高，还要加入一些铅作引子，锡才会顺利流出来。

锡是著名的“五金”之一。在一些古墓中，经常能发现锡壶、锡烛台等锡器。据科学家考证，周朝时锡器已经十分普遍。

洪炉炉底要用炭末和瓷灰铺成平地，炉旁装一条铁管小槽，炼出的锡水就会流入炉外的池子里。刚出炉的锡颜色洁白，可是又硬又脆，一打就碎了，要加入一些铅使它变软，才能制造各种器具。

铅

铅矿分三种：第一种是银铅矿，常和银伴生在一起，云南产量最高；第二种是铜山铅，夹杂在铜矿里，贵州出产最多；第三种是纯铅矿，大多埋藏在曲折幽深的山洞里，主要产自四川。

冶炼银矿铅，先要从中提取出白银，再把剩下的“炉底”慢慢炼成铅。纯铅矿则可以直接进行冶炼，炉旁用一根管子连接长条形的土槽，这样产出的铅俗称“扁担铅”“出山铅”。

锌

锌主要是从炉甘石中提炼的。先将炉甘石装进一个陶罐里，用泥密封好。然后用煤饼垫起来，放到木柴上点燃。冷却后将陶罐打碎，就得到锌了。

科普小贴士

锌既是一种重要的金属材料，也是身体不可缺少的微量元素之一，它可以增强身体免疫力，促进孩子生长发育，被誉为“生命之花”。当小朋友严重缺锌时，会导致侏儒症和智力发育迟缓。

奇异的金属

锡在中国古代常被用来制作青铜器。其中，锡和铜的比例为3:7。

锡茶叶罐密闭性好，具有防潮保鲜的功效。

古罗马人发现涂铅的器皿不会像铜器那样生出令人厌恶的绿锈，长期使用依旧崭新，便开始大量使用铅制厨具、餐具。尤其是古罗马贵族，他们的锅具、盘碗、酒杯统统都是铅制品，最终引起慢性铅中毒。

铅造价低廉，用途广泛。制造玻璃制品时加入一些铅，就会呈现极为美丽的颜色。

黄铜是一种铜锌合金，看起来和黄金十分相似。但是黄金很柔软，而黄铜则硬得多，古人区分它们最简便的方法就是放在嘴里咬一咬。

云南白铜是铜镍锌三元合金，称作“中国银”或“中国白铜”。其中以“江南宝”白铜店最有名，产品有水烟袋、旱烟斗、墨盒、面盆等，尤其面盆享誉全国，远销至江南和京津等地。

百乐之首——铜钟

钟是中国古代重要的金属乐器，早在春秋时期，人们就学会用青铜铸造编钟了。而且，它还是寺庙里重要的法器哦！下面，就让我们去了解一下钟的铸造工艺吧。

古时候，王公贵族们生活奢侈，讲究排场，常常一边听着编钟美妙的音乐声，一边品尝用铜鼎烹饪的美食，“钟鸣鼎食”这个成语便由此而来。钟和鼎的铸造方法是一样的。主要原料是铜，有时也会用铁。铸钟前，先要挖一个3米多深的大坑，里面保持干燥，并筑成小房子的样子。然后，用石灰、沙子和黏土调匀后为内模塑形。注意，不能有一点儿裂缝哦！

明朝永乐年间，城内挂着一口朝钟——永乐大钟，高6.75米，号称“钟王”。每当皇帝上朝时，悠扬的钟声就会在人们耳边响起，在城中久久回荡。

待内模干燥后，涂上一层厚厚的牛油和蜡（简称油蜡），上面再搭一个棚子防止日晒雨淋。夏天不能做模具，因为天太热会导致油蜡无法凝结。油蜡涂好后，就可以在上面雕刻漂亮的文字和图案了。然后将筛过的细土和炭粉调成糊状，一层层涂在油蜡上，外模就做好了。

外模干燥后，用火慢慢炙烤，油蜡熔化后就从模具里流出来了。内外模之间的空间就是钟成型的地方。这样模具就完成了。

下面，铸造工作正式开始啦！先在模具周围建几座熔炉，并用泥槽连接。泥槽上方与熔炉出口连接，下方则与模具浇口连接，泥槽两旁再生起一堆堆炭火用来保温。熔炉里的铜熔化时打开出口，铜液就会像水一样沿着泥槽缓缓流进模具里，冷却并去掉模具后，钟就铸好了。

科普小贴士

小朋友，你知道“黄钟毁弃，瓦釜雷鸣”是什么意思吗？

贵重的黄钟被砸烂抛到一旁，而泥烧的瓦罐却敲得很响。古时候，人们常用它来形容有才能的人被弃置不用，而平庸之辈却身居高位。

铸造铜钟

1. 制作内模

先要挖一个3米多深的大坑，保持干燥，并筑个小房子。然后，用石灰、沙子和黏土调匀后做成钟的形状，这就是内模。模型不能有一点儿裂缝哦！

2. 制作外模

内模干燥后，涂上一层厚厚的牛油和蜡，然后在上面雕刻漂亮的文字和图案，接着将筛过的细土和炭粉调成糊状，涂在油蜡上，这个就是外模。

3. 炙烤成型

外模干燥后，用火慢慢炙烤，油蜡被烤化后从模具里流出来，内外模之间的空间就是钟成型的地方。这样模具就完成了。

4. 修建熔炉

先在模具周围建几座熔炉，并用泥槽把熔炉和模具连接起来。泥槽两旁再生起炭火用来保温。

5. 浇筑铜钟

熔炉里加铜熔化成液体，然后打开出口，铜液就会像水一样沿着泥槽缓缓流进模具里，钟就铸好了。

厨房神器——铁锅

在新石器时代，人们就发明了最早的锅——釜。起初，釜是用陶土制成的。随着社会的发展，青铜釜越来越普遍，但它太笨重了，于是铁锅逐渐走进了人们的生活。

自古以来，铁锅就是人们常用的厨具之一，烧水、煮饭都离不开它。古时候，人们主要用生铁或者废旧铸铁器具作为原料铸造铁锅。那古人是如何制造铁锅的呢？它的铸造方法和钟近似，同样要先做一个内模，待内模干燥之后，再按照铁锅的形状和尺寸，制作一个外模就可以了。

古时候，人们使用的铁锅大多是生铁铸造的，还有一些则是熟铁锻造而成的。比起生铁锅，熟铁锅更加轻便耐用、节省燃料，但成本更高，生产周期长，价格也更加昂贵。

模具干燥后，再用泥做一个熔铁炉，炉膛像锅一样，里面放入生铁。炉子的背面有一条管子连通风箱。炉子的前面留一个小口，使熔化的铁水可以顺利流出来。然后用铁勺将铁水慢慢地倒进模具里，通常一勺铁水就可以铸一口锅。铁水冷却之前要揭开外模检查一下有没有裂缝。如果有裂缝怎么办呢？不要着急。只要在裂缝处浇一些铁水，并用湿草片抚平就好了。一般用生铁铸造的锅需要修补的地方很多，而用废铁回炉铸造的锅则不需要修补。

锅铸好后，常用木棒轻轻敲打检查质量。如果声音像敲木头一样沉重厚实，就说明质量优良；如果有杂音，就说明杂质较多，这样的锅以后很容易损坏。

科普小贴士

小朋友，你知道吗？不起眼的铁锅却被人们当成了宝！古时候，北方游牧民族铁器十分匮乏，铁锅尤其短缺，因此与内地贸易时，他们最喜欢的不是绫罗绸缎，而是黑漆漆的铁锅。

锅如明镜——铁锅是怎样做成的

1. 裁剪铁板

按照一定的尺寸裁剪铁板。

2. 高温加热

将裁好的铁板放入炉中煅烧。

3. 锻制把手

把锅的把手锻打成型。

4. 锅体成型

将烧得通红的锅胚锻打成型，并矫正把手。

5. 锻去杂质

反复加热锻打，除去铁锅表面的铁屑等杂质。

6. 表面抛光

使用钢丝（现在多用抛光机）对锅体表面进行抛光。

7. 四次冷锻

反复锻打三万六千次。

8. 锅如明镜

锤痕清晰可见，铁锅表面却光滑如镜。

天圆地方——铜钱

在古时候，人们使用的货币种类繁多、形式各异，其中使用时间最长、使用最普遍的是铜钱。那么，古人为什么对它如此钟爱呢，铜钱又是怎样铸造的呢？

秦始皇统一天下之后，古人使用的钱币便都变成了圆形方孔钱。同时为了使用方便，还常常用绳子穿起来。那么，为什么要做成这样呢？因为铜钱铸好后，工匠们会把许多铜钱穿起来进行打磨。如果中间的孔是圆的，打磨时铜钱就会转来转去，根本没法干活，于是便统一制成了方孔的。

古时候，人们认为天空像一口锅倒扣在大地上，大地像一块方形的棋盘向四方伸展。这就是“天圆地方”学说。在这种学说的影响下，圆形方孔的铜钱就慢慢诞生了。

制作铜钱先要制作模具，通常用木条做成木框，在里面装满泥粉和炭粉，上面再撒一层木炭粉，然后将锡做的钱模（母钱）按正面或反面依次放进去，再撒上一层灰，这样模具就做好了。

铜钱是用铜和锌的合金铸造的。先把铜放进熔炉中熔化，再按比例加一些锌。全部熔化后，就可以倒进模具里了。但是一枚钱币太小了，因此铸造时常常制作十几套模具，再把它们叠加起来，用绳子牢牢捆住，然后一起浇铸。

模具边缘留有一个小口，方便进行浇铸。两名工匠一起把熔化的熔液倒进模具里。冷却之后，打开模具，就可以把铜钱取出来了。然后用方木棍穿好，用锉将铜钱边缘打磨平整，铜钱就做好了。

科普小贴士

铜钱是古代主要的流通货币，可它比较笨重。于是，人们在出门前通常将铜钱穿成长长的一串，然后盘起来缠绕在腰间。从此，旅费便有了另外一个称呼：盘缠。

各种各样的钱币

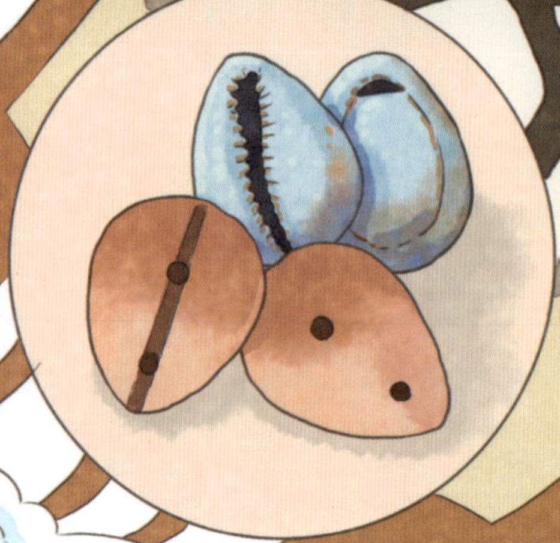

1. 贝币

贝币产生于三千年前的商代，堪称钱币的始祖。

2. 铜贝

商朝末期，随着青铜冶炼技术的发展，铜贝诞生了。铜贝不仅是中国最早的金属货币，也是世界上最早的金属货币。

3. 布币

布币，因形状似铲，又称铲布，从青铜农具演变而来，是中国春秋战国时期流通于中原地区的铲状铜币。铲状工具曾是民间交易的媒介，故最早出现的铸币铸成铲状。

4. 半两钱

秦始皇统一中国后，废除战国时期流通的刀、布、郢（yǐng）爰（yuán）和贝币等庞杂的六国货币，将圆形方孔的半两钱在全国推行。

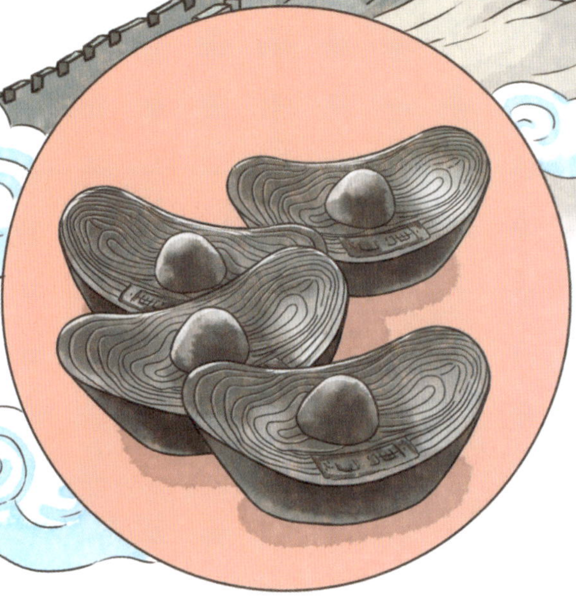

5. 元宝

大约到了唐朝时，出现了最早的金银制成的元宝。

6. 纸币

北宋初年，四川地区出现了交子。它是中国最早的纸币，也是世界上最早使用的纸币。

黑白分明——石灰与煤炭

石灰和煤炭，一白一黑，自古以来就被人们开采和使用。从取暖到建筑，从艺术到医药，石灰和煤炭几乎涉及了人们生活的方方面面。

一清二白——石灰

石灰是中国古代用途最广泛的材料之一，凡是建筑、驱虫、墓葬、战争等领域，都与它密不可分。

古时候，石灰就是建筑房屋的重要材料，在造船时也用它来填充缝隙。因为石灰一旦成形，即便遇到水也不会发生变化。所以人们在砌墙和填补船舶的缝隙时，都离不开它。

那么石灰究竟是怎么得来的呢？其实，大部分石灰都是石灰石经高温烧制的。经烈火焚烧后，石灰石发生了很多奇妙的变化，最显著的特点就是拥有了极好的防水性能，用来涂抹檐缝，绝不会漏水。

石灰吟

[明] 于谦

千锤万凿出深山，
烈火焚烧若等闲。
粉骨碎身浑不怕，
要留清白在人间。

石灰石一般埋在约1米深的地下，挖出来就可以煅烧，但风化的石灰石就不能用了。

古人煅烧石灰的主要燃料是煤，还有柴火或木炭。烧制石灰的时候，先在煤中加入一些泥做成煤饼，然后一层煤饼一层石灰石相间堆砌，底下铺上木柴就可以点火了。烧制完成后，石灰石变得十分酥脆，在微风的吹拂下慢慢变成了粉末。这就是生石灰。使用时，在烧制好的石灰石上洒一些水，它就会自动散开，变成熟石灰。

在福建沿海一带，有一种长在石头上的蛎（lì）房，样子就像假山一样。将其煅烧后也能得到像石灰一样的蛎灰，烧制方法与石灰相同。而且，蛎房中常常藏着一些鲜美的蛤蜊（gé lí），所以凿取蛎房时，记得不要浪费这些美味的海鲜哦！

科普小贴士

当含有二氧化碳的水遇到石灰岩，就生成了碳酸氢钙。含有碳酸氢钙的水从洞顶滴下来，又会分解成碳酸钙、二氧化碳和水，慢慢就变成了钟乳石。

石灰的妙用

1. 建筑

建筑城墙、桥梁时，要先筛去石块，再加石灰、黄泥等，用水调匀黏合，这样便十分坚固耐用了。

2. 驱虫

石灰对害虫有较强的杀灭作用，可使其失去活力而死亡。

3. 墓葬

战国时期，人们开始将石灰用于棺椁（guǒ）的防潮。

4. 战争

东汉时期的杨璇（xuán）首次将石灰用于战争。石灰弹使敌人泪流满面，甚至变成了盲人。

5. 印染

南方少数民族广泛使用的蜡染工艺，在染色过程中，石灰便是常用的原料。

6. 医药

古人用石灰和醋混合后治疗风疹。

地下乌金——煤炭

煤炭在日常生活中十分常见，烧水、做饭，样样都离不开它。但你知道吗，采煤其实是一项非常危险而艰苦的工作。让我们一起去了解一下吧！

早在3500多年前，中国人就发现了煤炭，并将其用于生产生活中。因此，中国是世界上最早开采和使用煤炭的国家。

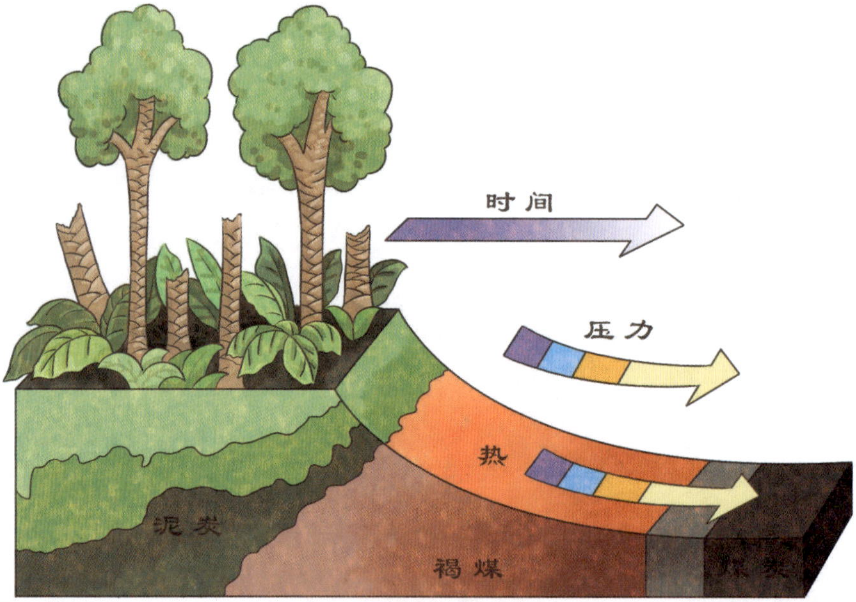

在开采过程中，人们发现煤块上竟然有植物枝叶的痕迹，有的煤层中甚至发现了完整树干形状的煤。研究发现，原来煤是远古植物埋藏在地下经过漫长的岁月逐渐形成的。

煤炭产地众多，在古代主要用来冶炼金属和烧制石灰。

煤通常分为明煤、碎煤和末煤。明煤个头很大，品质优良。不用鼓风，只用木炭引燃，便能使它熊熊燃烧。剩下的碎屑也不会浪费，常加入黄土做成煤饼使用。

碎煤分两种，火焰高的叫饭炭，常用来煮饭；火焰平的叫铁炭，多用于冶炼。点燃碎煤前，先要淋一些水，接着使劲鼓风才能燃烧。

末煤也叫自来风，使用前要将它与泥和水调匀后做成煤饼，再放进火炉里。

那么，煤是如何开采的呢？

采煤分为露天开采和矿井开采。相对而言，矿井采煤更加艰难和危险。经验丰富的矿工能通过土质判断地下是否有煤，但想挖到煤还要深入地下。煤矿中时常会冒出很多毒气（瓦斯）使人中毒乃至死亡，所以人们便将竹筒一端削尖，把中间的隔断打通，然后插入煤层中，毒气就慢慢排出来了。为防止塌方，人们还会用木板将矿洞牢牢撑住。

科普小贴士

小朋友，你知道吗，齁（hōu）甜齁甜的糖精竟然是从煤焦油里提炼出来的。而煤焦油是煤炭干馏时产生的一种臭臭的黑色或黑褐色黏稠液体。别看它貌不惊人，用途却十分广泛呢。

煤炭的妙用

1. 烧饭

古人对煤炭的使用最初是将其作为燃料烧火做饭。

2. 取暖

汉以后关于煤炭的记载越来越多，南北朝时人们已开始用煤炭来取暖。

3. 炼铁

西汉时煤炭就已经被作为燃料来炼铁了。宋代开始用焦炭炼铁，这是冶金史上一个划时代的发明，相比欧洲早了几百年。在宋代，“煤”正式成了煤炭的名称［煤的名称有石涅（niè）、石炭、石墨、乌金石、黑丹等］。

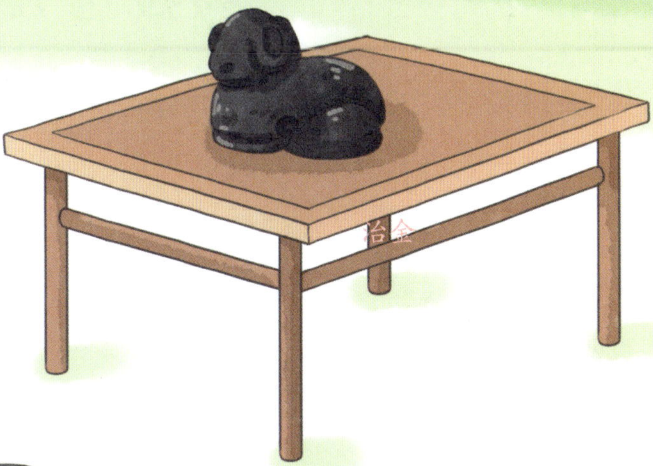

4. 艺术

中国古代的煤雕史甚至比煤炭被当作燃料的历史更久远。考古学家发现，在沈阳的一处新时代遗址中发现了已知最早的煤雕工艺品。

5. 陶瓷

煤炭开采技术的进步与发展，推动了手工业的发展，其中以陶瓷业最为明显。

6. 医药

煤炭也可以用在伤口上。可用石炭捣成粉，敷伤口。误吞金银或钱币时，可以把石炭、硫磺一起研细，用酒送服以便排出。

动手做一做

易拉罐大变身

易拉罐的主要材料是铝，铝具有可塑性好的特点。因此，我们可以用废旧易拉罐制作工艺品、小工具等。

制作煎鸡蛋、烤饼干的模具

制作步骤

1

将易拉罐剪掉头尾，罐身从中间剪开。

2

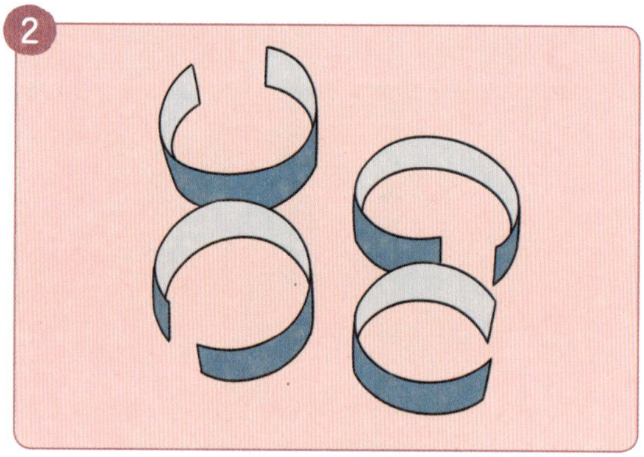

将罐身剪成适当宽度的长条。

3

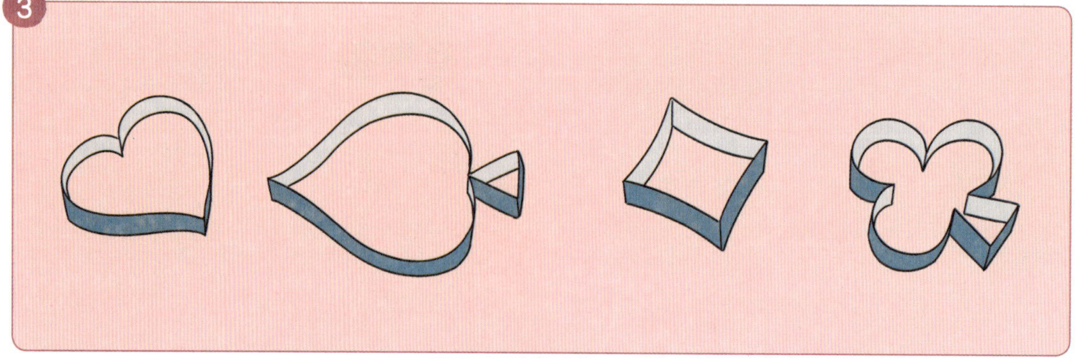

把长条弯成自己需要的形状，再把连接处卷在一起固定。一个个模具就做好啦！

制作吊篮花盆

制作步骤

1

选择保留有拉环的易拉罐，用纸剪一个圆形或椭圆形作为模板。

2

按照模板，在易拉罐侧面剪一个窗。

3

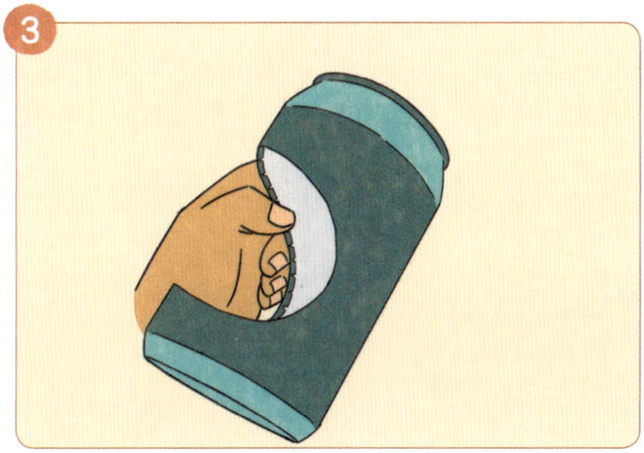

把剪口部分向内折入，以防伤手。

4

将剪好的易拉罐涂上自己喜欢的颜色。

5

放入泥土和绿植，然后从拉环处挂在阳光充足的地方，一个个小花盆就做好了。

内容提要

《天工开物里的万物科学》是一套面向5~12岁孩子编写的科普读物，共分为5册，从吃、穿、住、行、用这五个方面介绍生活中的科学，以全新的角度给孩子普及古代科技的发展以及了不起的生产制作过程，力求让孩子读得懂，读出趣味，读出反映古人劳动和智慧的科技文明，读出中国的悠久历史。全书采用半写实风格的中国风全彩插图，再现中国古代科技的精巧；用通俗有趣的语言，还原古人的生活点滴，让孩子切实感受中国古代高超的科技水平，从而让孩子爱上科技。

图书在版编目（CIP）数据

天工开物里的万物科学．奇妙五金 / 新新世纪编著．
-- 北京 ：航空工业出版社，2023.7
ISBN 978-7-5165-3376-5

Ⅰ．①天… Ⅱ．①新… Ⅲ．①科学知识－少儿读物
Ⅳ．① Z228.1

中国国家版本馆 CIP 数据核字 (2023) 第 088941 号

天工开物里的万物科学 · 奇妙五金
Tiangongkaiwu Lide Wanwukexue · Qimiaowujin

航空工业出版社出版发行
（北京市朝阳区京顺路 5 号曙光大厦 C 座四层　100028）
发行部电话：010-85672688　010-85672689

三河市双升印务有限公司印刷　全国各地新华书店经售
2023 年 7 月第 1 版　2023 年 7 月第 1 次印刷
开本：615×960　1/16　字数：60 千字
印张：3.5　定价：158.00 元（全 5 册）